H. R. NIEDERHÄUSER

Von griechischen Göttern und Helden

VON GRIECHISCHEN GÖTTERN UND HELDEN

Mythen und Sagen
nach den Quellen neu erzählt
von
HANS RUDOLF NIEDERHÄUSER

VERLAG FREIES GEISTESLEBEN

CIP-Kurztitelaufnahme der Deutschen Bibliothek

Niederhäuser, Hans Rudolf:

Von griechischen Göttern und Helden : Mythen u.
Sagen nach d. Quellen neu erzählt / von Hans
Rudolf Niederhäuser. − 4. Aufl. − Stuttgart :
Verlag Freies Geistesleben, 1981.
ISBN 3-7725-0554-6

Einband: Karlheinz Flau

© 1967 Verlag Freies Geistesleben GmbH Stuttgart
Druck: Hain-Druck GmbH, Meisenheim/Glan

INHALT

WAS DER SÄNGER HESIOD DEN
MENSCHEN KÜNDETE

Hoch auf des Helikon Höhe, einer waldreichen Bergkuppe in Böotien, wohnen die Musen, neun liebliche Töchter des Zeus. Zierlichen Fußes tanzen sie um den Altar des Donnerers, spielen an den bläulichen Quellen der Flüsse oder auf taubenetzten Triften.

Oft und gern baden sie in den klingenden Fluten des Permessos oder im muntersprudelnden Roßquell ihren zarten Leib. Schöne Reigen schreiten sie alsdann anmutsvoll auf des heiligen Helikon Gipfel, angeführt von Apoll, dem Strahlenden mit der golden tönenden Leier.

Oft auch wandern sie nachts in dichten Nebel gehüllt zu den Sterblichen und raunen ihren Lieblingen vom Walten und Weben der ewigwesenden Götter.

So auch kamen sie einst zu Hesiodos, einem Hirten, der einsam an den grünen Hängen des Helikon seine Lämmer hütete. Also sprachen sie neckisch zu ihm: Ihr Hirten, ihr dickbäuchiges Lumpengesindel, seht, wir reden viel Trug daher, auch wenn es euren Ohren wie Weisheit klingt; oft aber auch, wenn wir es wollen, künden wir einem von euch die lautere Wahrheit.

So erhebe dich denn, Hesiodos, und schneide vom blühenden Lorbeer einen Zweig, berausche dich atmend an seinem Duft, auf daß dich die Macht des weissagenden Gottes ergreife und du Wunder schauest und unsere göttlichen Stimmen vernehmest. Dann gehe hin und künde den Menschen, was du geschaut und vernommen von Künftigem und von Vergangenem.

Denn gesegnet ist, wen wir Musen also beschenken; süß wie Labsal entströmt seinen Lippen des holden Gesanges Macht.

Wahrlich, sollte einen Gram die Seele verwunden und er dahinkranken, niedergedrückt von Kummer und Leid, und er vernähme, wie ein Diener der Musen, ein Dichter und Sänger, herrliche Taten besingt von Helden der Vorzeit oder wie er die seligen Götter im Himmel preist und ihr ordnendes Walten, wahrlich, der verschmerzte sogleich sein Leid, vergäße seine Kränkungen und Sorgen; denn es heilen ihn augenblicks die Gesänge, der göttlichen Musen heitere Gaben.

Heil euch, holde Musen, liebliche Töchter des Zeus, rief Hesiodos vom Gotte begeistert, beschenkt mich also mit Liedern, auf daß ich preise die Götter, lichte Kinder der Mutter Erde und auch des sternbesäten Himmels. Kündet mir, wie die Götter entstanden und die nahrungssprossende Erde, das endlose Meer, die Stürme und die brausende Brandung und die leuchtenden Sterne droben im Äther. Kündet mir wie die hohen olympischen Götter, die Spender des Guten, ihre Macht erlangten und Ämter und hohe Ehren verteilten.

Alsobald vernahm der Hirte im Innern die göttlichen Stimmen. Und was ihm die Musen geraunt vom Anfang der Welt und wie alles allmählich entstanden, in Worte der Sterblichen prägte er's, allen späteren Geschlechtern vernehmbar also:

Im Anfang der Schöpfung, ehe Himmel und Erde waren, war das Chaos, der gähnende Raum. Formlos, ungetrennt, durcheinandergemischt und ungebildet war alles. Dunkle Schleier der Finsternis breiteten sich über dem wogenden Geschehen, aus dem alles entstand, was entstanden ist.

Aus dem brütenden Dunkel, aus der in Gärung und Zeugung begriffenen kreißenden Schöpferkraft erhob sich, sehnsuchterregend Eros mit goldenen Flügeln, die allmächtige, alles verbindende, alles einende, alles schaffende, wirkende Weltenliebe. Und Weltenlicht erschien und erregte das Chaos, und ein mächtiges Erzittern bebte durch das Unerschaffene, Werdende; das Ungetrennte trennte sich, aus dem Formlosen bildeten sich Formen, und das Kraftlose ballte sich zu Kräften.

Und Gaia, die Erde, trat aus dem Chaos hervor. Noch trug sie weder Pflanzen noch Tiere; die lebenspendende, allesbildende, alles erschaffende Urmutter war sie.

Und über die Erde wölbte sich alsogleich Uranos, der sternbesäte Himmel, und Pontos auch gestaltete sich aus dem Chaos, das endlose Meer. Aber tief unter der wegsamen Erde, in den nebligen Schlünden am äußersten Rand des riesigen Weltenraumes, dehnte sich Tartaros aus, ein dunkler Sohn des schaffenden Chaos, dort, wo Erebos waltet, die ewige, unterweltliche Finsternis.

Aus der Verbindung der Gaia mit Uranos gingen urgewaltige Ungeheuer hervor: die Hekatoncheiren, die hundertarmigen Riesen und die erzbearbeitenden, nimmermüden Kyklopen, die Erschaffer des Blitzes, Wesen mit einem Auge inmitten der Stirn, das glimmte und leuchtete. Aber es ging auch hervor das starke Geschlecht der Titanen, zwölf an der Zahl, allgewaltige Söhne und Töchter, die schaffenden gestaltenden Kräfte in Himmel und Erde, die Ahnen aller späteren Göttergeschlechter.

Der Titanen mächtigster einer war Okeanos, der strömende, in sich kreisende am Rande der Erde. Ihm war zugetan Thetys, die Mutter aller Quellen und fließenden Gewässer.

Pontos aber erzeugte Nereus, den Alten, den Gott der stillen Meerestiefe, unfehlbar, gütig, milder Gesinnung. Fünfzig Töchter wurden Nereus geboren von der lockigen Doris, des Okeanos lieblicher Tochter; heiter-lächelnde, farbenschimmernde, ruhigglänzende, sanftwellende, stürmisch-rauschende, die Wogen im

nebligen Meer und die widrigen Winde sänftigende, reichtum-
schenkende: alle diese entsprossen dem herrlichen Nereus, der mit
seinen Töchtern in den Tiefen des Meeres wohnt in rosig schim-
mernder Höhle. Oft auch spielen sie auf der Höhe des leuchtenden
Meeres oder an stillen Buchten oder steilragenden Klippen, trock-
nen auf Felsen sitzend den feuchtschimmernden Leib und die grün-
lichwallenden Haare oder musizieren mit den Tritonen, tanzen
und singen am Strand im Verein mit den Nymphen der Flüsse
oder sie gleiten auf Delphinen pfeilschnell durch die glasige Flut,
angeführt von Thetis, der lieblichen Chorführerin, um die selbst
Zeus und Poseidon vergeblich gefreit, und holen Galate ab, die
Schöne, thronend im perlschimmernden Muschelwagen.

Hyperion, der hochwandelnde Titan, und Theia alsdann er-
zeugten Helios, den Gott des Lichtes, der, auf goldenem Wagen
von vier feuersprühenden Rossen gezogen, donnernd über den
Himmel dahinfährt. Wenn er abends in den Okeanos untertaucht,
steigt Selene, seine sanfte Schwester, die Mondgöttin im Osten auf.
In gleißendem Gefährt, das zwei herrliche weiße Rosse ziehen,
umkreist sie ruhigen Ganges den nächtlichen Himmel.

Und dann erscheint Eos, die Morgenröte, die rosenfingrige, in
goldstrahlendem Gewand, und verkündet heiter des Helios strahlende Wiederkunft.

Zum Geschlecht der Titanen gehören auch Themis, die Verwalterin der Gerechtigkeit und der ewigwaltenden Naturgesetze,
und Mnemosyne, die Bewahrerin alles Geschehenen, erhabene
Mächte der göttlichen Weltordnung; dann Kronos und Rhea,
welche die Herrschaft des Uranos ablösen sollten, sowie Prometheus, der die Menschen erschuf.

Im Anfang war der sternstrahlende Uranos der Götter er-
habenster. Dennoch bangte ihm um seine Macht. Darum haßte er

alle seine Kinder, die ihm Gaia hervorgebracht. Er verstieß die Kyklopen, die hundertarmigen Riesen und viele seiner Geschöpfe, sobald sie geboren, und sperrte sie in den Tartaros, in die finsterste Tiefe unter der Erde und hielt sie dort verborgen.

Gaia aber in ihrer Bedrängnis und Not forderte die Titanen auf, die Gefangenen zu befreien. Aber keiner hatte den Mut dazu. Allein Kronos, der jüngste der Titanen, wagte den Kampf. Mit krummer Sichel, die ihm Gaia gereicht, entmachtete er Uranos, als er einst liebend auf die Erde herab sich senkte.

Durch diese Tat ward Kronos König über die Schöpfung, und mit ihm wurden die Titanen die Herren der Welt.

Aus den Blutstropfen des Uranos, die auf die Erde niederrannen, gingen die Giganten hervor und die Erinnyen, die furchtbaren Göttinnen der Rache: Alekto, der unversöhnliche Groll, Tisiphone, die Rache, und Megaera, die Neidische mit dem bösen Blick. Mit Fackeln hellen sie das Verborgene auf, verfolgen ruhelos ohne Erbarmen den Missetäter, bis seine Tat gesühnt.

Ihre Schwestern, Kinder der Nacht, sind die Moiren, die ernsten Walterinnen über das Schicksal. Ihrer Macht sind die Menschen und selbst die Götter untertan. Klotho spinnt den Schicksalsfaden, Lachesis lenkt und leitet das menschliche Los und Atropos, die Unbeugsame, die Verwalterin der unausweichlichen Schicksalsbeschlüsse, schneidet den Lebensfaden ab.

Von den Blutstropfen des Uranos fielen einige auch in die wogenden Wellen des Meeres, und aus dem blauen Grund der aufgärenden Flut erzeugte sich weißlicher Schaum und aus dem Schaum gestaltete sich eine herrliche Jungfrau: Aphrodite, die aus dem Schaum geborene, trat ans Licht.

In einer golden schimmernden Muschel glitt die hehre, herrliche Göttin vom sanften Hauch des Zephyrs bewegt, über die salzige

Meerflut dahin und nahte sich der fruchtbaren Insel Kypros. Dort stieg die sternstrahlende Tochter des Uranos an Land, empfangen von den Horen, den Göttinnen der Anmut, des Liebreizes und der Schönheit, welche den schimmernden Leib der Jungfrau mit duftenden Schleiern umhüllten.

Wo ihr zierlicher Fuß die Erde berührte, sproßten sternstrahlige Blumen empor. Von Eros und Himeros, der göttlichen Sehnsucht geleitet, erhob sich Aphrodite zu den Göttern empor. Und seither leuchtet das Urbild der Liebe allen Erdgeborenen aus den ewigen Sternen herab.

Der stürzende Uranos hatte Kronos vorausgesagt, daß auch ihn einst einer seiner Söhne entthronen werde. Darum verschlang der allgewaltige Kronos alle seine hellstrahlenden Kinder, gleich nachdem Rhea sie geboren, zum unsäglichen Schmerz der Mutter.

Als nun Zeus, der jüngste, geboren werden sollte, nahm Rhea, dem Rat der Gaia folgend, einen Stein, wickelte ihn in Windeln, wie man Neugeborene zu wickeln pflegt, und reichte ihn Kronos. Der packte das Wickelkind und verschlang es, wie er zuvor Hades und Poseidon, Demeter und Hera verschlungen.

In dunkler Nacht brachte Rhea den Neugeborenen eilends auf die ferne Insel Kreta und barg ihn in einer Höhle im Schoße der heiligen Erde auf dem hohen, bewaldeten Idagebirge. Dort, in der Einsamkeit des Gebirges, wuchs das göttliche Kind auf, gehegt und gepflegt von den Nymphen. Bienen flogen herbei und nährten es mit goldfarbenem Honig. Wenn das Knäblein Durst hatte, saugte es Milch von der Bergziege Amalthea aus dem Füllhorn eines Stieres. Schrie der Knabe, so veranstalteten die jungen Kreter, die Kureten, Waffentänze vor der Höhle, schlugen mit ihren Schwertern auf die Schilde, damit Kronos über dem rasselnden Lärmen das Schreien des jungen Gottes nicht höre. Denn Kronos hatte bemerkt, daß er betrogen worden war, und suchte den Neugeborenen überall auf der Erde.

Rasch wuchs Zeus zum Jüngling heran und mischte sich in die Spiele der tanzenden Genossen.

Dann aber, als er erwachsen und die Zeit erfüllt war, entfesselte er den Kampf gegen seinen Vater Kronos und rang mit ihm um die Weltherrschaft.

Erst zwang er ihn, seine verschlungenen Brüder und Schwestern wieder zu befreien. Dann rief er auf den Rat der Gaia alle zum Kampfe auf, die von Kronos gewalttätig unterdrückt worden waren. Gaia selbst befreite die Titanen aus der Unterwelt und befahl den Kyklopen, in ihrer unterirdischen Schmiede dem Zeus eine Waffe zu schmieden, wie sie noch kein Herrscher je besessen. Und sie überreichten ihm den Donner und den blendenden Blitzstrahl.

Mit seinen Getreuen, denen er allen, sollten sie siegen, die Wiedereinsetzung in ihre Ehren und Rechte versprach, scharte Zeus sich auf dem Olympos. Von dort eilten sie zum Angriff gegen Kronos und die Seinen, die auf dem gegenüberliegenden Othrys sich gesammelt hatten.

Unter den Titanen, die sich auf die Seite des Zeus stellten, war auch Prometheus. Vorausschauend sah er, daß der Sieg dem jungen Gotte zufallen werde.

Ein gräßliches Ringen begann nun auf dem Gefilde Thessaliens, das zwischen den beiden Bergen sich ausdehnt. Die Erde stöhnte und dröhnte ob dem Stampfen der Kämpfer. Das Kampfgeschrei und Brüllen tönte bis zum sternbesäten Himmel empor und hallte dumpf wider in den nebligen Tiefen des Tartaros. Stürmisch schwoll der Zorn in Zeus. Unaufhörlich schleuderte er zuckende Blitze, donnernd und gleißend zischten sie vom Olympos herab und zerschmetterten die Feinde. Selbst die Augen der Göttlichen blendete das Geleucht, und rings auf der nahrungssprossenden Erde wüteten Feuerbrände; schreckliche Flammen erhoben sich lodernd bis in den Äther, in die göttliche Luft, geschürt von den wirbelnden Winden.

Lange tobte der Kampf unentschieden hin und her. Da verriet Gaia den Olympiern das Geheimnis, wie sie den Sieg erringen könnten. Darauf befreiten sie Briareos, Kottos und Gyes, die drei Hundertarmigen, aus dem finsteren Tartaros. Von Ambrosia und Nektar noch gestärkt, mischten sie sich in den Kampf ein. Gewaltige Felsblöcke ergriffen sie mit festen gedrungenen Fäusten und schleuderten sie unter die Feinde, so daß der Olymp bis an die Wurzeln erbebte und das Weltmeer brüllend aufwogte und schäumend erbrauste und die Erde erzitterte und dröhnend stöhnte. Mit gewaltigem Steinhagel überwältigten sie schließlich die Titanen und Kronos unterlag. Zeus und seine Brüder hatten die Weltherrschaft errungen.

Kronos wurde, von Zeus gefesselt, auf die Insel der Seligen entrückt. Dort weilt er, und mit ihm das entsunkene goldene Zeitalter, umweht von den Lüften des Okeanos als König und Gatte der Rhea.

Die Titanen aber verbannten sie in den dunklen Tartaros. Tief unter der wegsamen Erde, so tief wie der Himmel über die Erde hoch sich wölbt, im Nebeldunkel des Abgrunds hausen sie seither, nach dem Ratschluß der Olympier, mit schmerzenden Fesseln gebunden. Keiner wagt zu entweichen, denn die drei Hundertarmigen bewachen sie an der ehernen Schwelle, die Poseidon unerschütterlich gesetzt.

Dort, in dem modrigen Grund des nebligen Tartaros, sind der schwärzlichen Erde, des wogenden Meeres wie auch des sternstrahlenden Himmels Wurzel und Ende zugleich. Die Götter selbst erfaßt das Grausen vor diesem gähnenden Grund, wo

Erebos haust, die umdunkelte Nacht in finsteren Wolken verborgen.

Über die eherne Schwelle schreiten in ewigem Wechsel Nacht und Tag. Sinkt die eine hinab, wandert der andre nach oben. Der Tag bringt strahlendes Licht den sterblichen Menschen; die Nacht aber, in Wolken gehüllt, hält den süßen Schlaf, den Bruder des Todes in Händen. Schlaf und Tod sind zwei mächtige, unerbittliche Götter. Niemals schaut Helios sie, wenn er auf feurigem Rossegespann am Himmel emporsteigt und wieder herabsinkt.

Behutsam und freundlich naht die Nacht den Menschen; der Tod aber trägt ein ehernes, mitleidloses Herz im Busen, und wen er gepackt, läßt nimmer er los. Verhaßt ist er selbst den unsterblichen Göttern.

Dort also unter der schwarzen Erde, im nebligen Tartarosschlund ist die eherne Schwelle, welche das Reich der Unterwelt trennt vom Schauplatz der schicksaltragenden Menschen und der hehren, lichtwandelnden Götter.

Als nun der Sturm sich gelegt, die Mühe vollendet und die seligen Götter im Kampf mit den Titanen siegreich um Macht und Würde sich gemessen, erwählten sie alle auf Gaias Rat Zeus zum König und Gebieter.

Zeus teilte sodann die Herrschaft über die Welt mit seinen Brüdern Poseidon und Hades. Durch das Los sollte bestimmt werden, welches Reich einem jeden zufalle. Und es fiel Zeus die lichte himmlische Welt zu. Dort herrscht er in strahlendem Glanz, in der Fülle der Weisheit der Welt über Götter und Menschen. Eine goldene Waage hält er in Händen und wägt die Geschicke der sterblichen Menschen. Alle Zukunft ist ihm offenbar, dem Hüter der Orakel, des Rechtes und der heiligen Eide, dem Schützer des häuslichen Herdes und der Fremdlinge im gastlichen Haus.

Auf hohen Bergen thront er weitausschauend, wo er die Wolken versammelt und in sanftem Regen auf die dürstende Erde herniederträufeln läßt; aber er waltet auch im dräuenden Sturm, im rollenden Donner und fegenden Blitz, im Wetterleuchten und Wechselspiel des heiteren und sich verdüsternden Himmels im kreisenden Jahr.

Hades aber stieg in die Unterwelt hinab und herrscht als König in der Tiefe der Erde über die Verstorbenen und die dunklen Mächte und dämonischen Gewalten, welche in der untersten Tiefe des Tartaros dräuen und hausen.

In marmorenem Palast sitzt Hades, schweigsam, verschlossen. Geheimnisvoll wie die Unterwelt ist ihr Herrscher. Ein Zauberhelm macht ihn unsichtbar. Alle Schätze der Erde gehören ihm, darum ist er auch Pluto der Reiche genannt.

Neben ihm thront unerbittlich und streng Persephoneia, die Gebieterin über die Erinnyen.

An der Pforte des Palastes wacht Cerberos der Höllenhund, grausam und voller Tücken. Jeden, der kommt, läßt er wedelnd herein, doch keinen läßt er je wieder zurück.

Dort auch strömt lautlos die dunkle Styx, des Okeanos älteste Tochter. Die Götter schwören heilige Eide bei diesem uralten, heiligen Wasser, das durch dunkle Nächte dahinfließt, das Reich des Todes umkreisend.

Charon, der finstere Fährmann, bringt die Seelen, die aus dem Licht scheiden, in breitem Nachen über das dunkle Wasser der Styx, über den Acheron, den dumpfrauschenden Strom des ewigen Wehs und der Seufzer, über den reinigenden Feuerstrom, und sobald sie vom Wasser der sanften Lethe getrunken, umfängt tiefe Vergessenheit des letzten Erdenlebens die Seelen der Toten.

Poseidon wurde zum Herrscher über alle Gewässer und das weithin sich dehnende Meer. Er wohnt im schimmernden Wogenpalast in der Tiefe des Meeres und fährt mit seinen wilden Rossen über die Wellen dahin, mit dem Dreizack die Wogen der Salzflut aufwühlend, daß sie brüllend schäumt.

Er trägt und stützt die meerumflossene Erde; doch wenn er mit dem Dreizack in die Rippen der Erde stößt, erbebt sie bis auf die Wurzeln erschüttert.

Auf Vorgebirgen liebt er zu thronen, ein starker, ungestümer, unbändiger Gott, das Haupt von dunklen Locken umwallt. Seine strahlenden Augen schimmern bläulich wie das Meer. Ein Blick des Meerbeherrschers, und die donnernden Wogen beruhigen sich.

An der Erde aber, dem Wohnsitz der Sterblichen, haben alle, Zeus, Poseidon und Hades, gleichen Anteil.

Also waren Reich und Macht der Götter geteilt. Aber noch war die neue Ordnung der Welt weder gefestigt noch gesichert.

Gaia selbst regte sich nun im Zorn wider Zeus und die olympischen Götter. Widerwillig nur hatte sie die gestürzten Titanen aufgenommen. Dann aber hatte sie gehofft, die Götter würden ihr Ehre erweisen und auf ihren grünlachenden Fluren ihr Leben verbringen. Aber Zeus blieb mit den Himmlischen fern im Olympos. Da beschloß sie den Kampf wider die hochmütigen oberen Götter. Ein neues Riesengeschlecht entstammte der Erde aus den letzten Blutstropfen des Uranos, die drachenfüßigen Giganten.

Zügellos, voll empörerischen Übermuts tollten sie sich in den Schluchten des düsteren Nordens. Aufgestachelt von Gaia ertrotzten sie sich, Zeus die Herrschaft zu entreißen. Den Schluchten und Schlünden der thrakischen Gebirge entkrochen sie und sammelten sich lautlärmend zum Kampf auf dem Felde von Phlegrai. Mit brennenden Baumstämmen und gewaltigen Felsblöcken beladen zogen sie laut brüllend zum Götterberg. Ganze Berge türmten sie aufeinander, um den Olymp zu erstürmen.

Der blitzende Herrscher des Himmels, der mit Donnergewalt die Weiten des Himmels durchwettert, erwartete sie mit den Seinen. Blitz um Blitz schleuderte er gegen die Aufrührer. An seiner Seite focht Poseidon mit dem Dreizack, und Apoll schoß blitzende Pfeile vom silberglänzenden Bogen. So auch kämpften die andern Götter mit andern Waffen sich wehrend. Lange schon tobte der Kampf hin und her.

Da ertönte allen Kampflärm überschallend Flötengetön und wilder Zimbelklang. Laut lärmend nahte sich Dionysos, mit Weinreben und Epheu geschmückt, von Panthern begleitet und lärmenden Faunen, bocksfüßigen Satyrn und tanzenden Nymphen.

Als Apoll ihn kommen sah, schalt er ihn und rief zornig: «Wie, üppiger Weichling, du wagst es in solchem Aufzug uns zu nahen, wo wir im härtesten Kampf stehen wider die Empörer und maßlosen Frevler.»

Heiter erwiderte Dionysos seinem Bruder: «Zürne nicht, strenger Apoll, siehe, deine strengen Silberpfeile prallen unwirksam ab von den Leibern der Riesen. Aber mit meinem epheugeschmückten Stab werde ich sie zu Boden strecken.» Und zu Zeus gewendet, rief er: «Laß, Vater, mich und meinen thebanischen Bruder mitkämpfen in euren Reihen. Denn in unsern Adern fließt menschliches Blut. Und nur, wenn Sterbliche eurem Kampf sich gesellen, ist der Sieg über die Söhne des Aufruhrs gewiß.»

Zeus, sich des Wahrworts erinnernd, sandte Pallas Athene aus, Herakles zu holen, daß er komme und vereint mit Dionysos gegen die Giganten kämpfe.

Wohl waren die Giganten gefeit gegen die Waffen der Götter, nicht aber gegen die eines Sterblichen.

Als nun Gaia die List merkte, ließ sie schnell ein Zauberkraut wachsen, das die Giganten auch gegen die Waffen von Dionysos und Herakles schützen sollte.

Aber Zeus bemerkte es. Er verbot der Sonne auf die Erde zu strahlen, und auch Mond und Morgenröte durften nicht erscheinen. Im dämmerigen Dunkel schoß er in Gestalt eines Adlers auf die Erde und hackte das Zauberkraut aus. Jetzt war es um die Macht der Giganten geschehen. Aber noch kämpften sie ungebrochenen Mutes in der nächtlichen Dunkelheit. Einer der stärksten erklomm im Geleucht der Fackeln den Olympos und rief hohnlachend: «Komm herunter, erhabene Hera! Werde mein Weib und ich mache dich zur Königin der Erde.» Und die andern Riesen stimmten mit ein, brüllten grölend Beifall und schrien: «Heil dir, Hera, Königin der Erde.»

Zornentbrannt schleuderte Zeus einen Blitz gegen den übermütigen Werber, daß er rücklings in die Tiefe kollerte. Aber Gaia, die Erdenmutter, gab ihm wie allen andern Gestürzten neue Kraft, und so erhob er sich gestärkt zu neuen Taten. Wie ein Sturm tobte der Kampf. Einzig vor Dionysos wichen die Giganten. In seinen Weinranken verwirrten sich die Widerspenstigen und torkelten zu Boden. Dann zerschmetterte er mit seinem Stab jedem die felsige Stirn, so daß sich keiner mehr erhob.

Zur rechten Zeit kam Pallas mit Herakles zu Hilfe. Weithin leuchtete sein Löwenfell. Schnell bestieg er den Wagen seines Vaters und zusammen fuhren sie ins Kampfgewühl. Zeus schmetterte die Giganten mit seinen Blitzen in die Tiefe und Herakles erschoß die Gestürzten mit seinen tödlichen Pfeilen. Den ältesten und wildesten jedoch, Porphyrion, der um Hera geworben, meisterten sie nicht. Immer wieder erhob er sich von ihren Schlägen, und selbst die giftigen Pfeile töteten nicht. Da sprang Herakles vom Wagen, ergriff ihn mit eiserner Faust und stemmte ihn in die

Höhe. Losgelöst von der Erde schwand ihm die Kraft. Herakles schleuderte ihn ins Meer und die Wogen verschlangen ihn. Als Herakles zum Olymp zurückkehrte, war alles Kampfgeschrei und Toben verhallt. Die Aufrührer lagen tot auf dem Kampffeld.

Nun winkte Zeus der Sonne, und strahlend ergoß sie ihre Lichtesflut auf die Erde. Von den Sonnenstrahlen getroffen, zerfielen die Leiber der Riesen und vereinigten sich mit der Erde, aus der sie hervorgegangen.

Nur die Töchter des Riesengeschlechts, welche nicht mitgekämpft, waren am Leben geblieben. Sie vermählten sich später mit den Söhnen der Menschen und wurden Mütter starker Völker, die im düsteren Norden lebten.

Als nun aller Kampf geendet, erhob Dionysos heiter lächelnd seinen Eppichstab aufs neue. Die munteren Faune und bocksfüßigen Waldgeister scharten sich um ihn und die neckischen Nymphen des Waldes und ließen Flöten ertönen und die Zimbeln erschallen.

Jauchzend begannen sie einen rauschenden Siegestanz. Alle Götter mischten sich in den Reigen und nahmen auch Herakles in den Tanz auf. Selbst Zeus kreiste in mächtigen Wirbeln mit.

So feierten die Olympier tanzend ihren Sieg über die Söhne des Aufruhrs. Und jetzt erst war Zeus' Herrschaft in allen Reichen gesichert.

Waltende Weisheit breitete sich nunmehr in der Welt aus und erzeugte Harmonie unter den Himmlischen und Friede, Wohlordnung und Gerechtigkeit im Reich der Sterblichen auf der Erde. Allen seinen Söhnen und Töchtern wies Zeus ein Gebiet zu, in dem sie zum ewigen Fortgang und Segen der Welt und des Menschengeschlechts wirken und walten sollten.

Hephästos aber baute dem neuen Göttergeschlecht auf dem Olympos herrliche, weithinschimmernde Paläste. Dort versammeln sie sich zum Rat, von dort regieren sie die Welt und mischen sich in das Schicksal der Sterblichen. Auf dem wolkenumhüllten Olympos, den Blicken der Sterblichen entzogen, wesen und leben die Götter in ewiger Jugend, sorglos, heiter, genährt von Nektar und Ambrosia, welche ihnen die Unsterblichkeit erhalten.

Wohl den Sterblichen, wenn sie die Himmlischen ehrfürchten und ihnen duftende Opfer spenden. In Fülle fließt ihnen der Segen der allwaltenden, ewigwesenden Götter herab.

PROMETHEUS

Als aus dem dunklen Chaos durch das Wirken der himmlischen Mächte das Licht geboren war, als aus dem kreisenden Urstrom die breitbrüstige Erde und der gestirnte Himmel hervorgegangen, dem Meer und der wirbelnden Wasserflut Grenzen gewiesen waren, als die Berge aufragten, und die Erde Pflanzen in vielerlei Grün zum Himmelsvater aufsprossen ließ, die Tiere sich regten und tummelten in der Luft, im Wasser und auf der Erde, da schuf Prometheus, ein Titan aus dem alten Göttergeschlecht, den Erdenmenschen.

Er feuchtete Ton an, knetete ihn und bildete daraus des Menschen Leib, den er als Ebenbild der Götter formte. Dann nahm er von den Seelen der verschiedenen Tiere Eigenschaften, gute und böse, mischte sie und verschloß sie in des Menschen Brust. Also beseelte er seine Geschöpfe.

Die Himmlischen bewunderten sein Tun, und Pallas Athene, die aus dem Haupt des Zeus entsprungene hehre Jungfrau, blies den neugeschaffenen Gebilden einen Hauch des göttlichen Geistes ein. Dadurch wurde der Mensch das vollkommenste Wesen auf Erden.

In der Zeit, da Kronos, der allgewaltige Sohn des Uranos und der Gaia, Herrscher war über die Welt, lebten Götter und Menschen noch in vertrautem Umgang.

In ewigem Frühling spendete die Erde ihre Frucht in Fülle

Menschen und Vieh. Lange blieben die Menschen jugendfrisch, kannten weder die Mühsal der Arbeit noch Krankheit oder Furcht vor dem Tode. War ihre Erdenzeit abgelaufen, wurden sie in sanftem Schlaf zu neuem Dasein entrückt.

Als aber Zeus, der Sohn des Kronos, in langem gewaltigem Ringen seinem Vater die Weltherrschaft abtrotzte, stand ihm Prometheus mit seiner Klugheit und Kraft bei. Prometheus erkannte vorausschauend, daß der Sieg dem Sohne des Kronos zufallen werde, und stellte sich darum kämpfend auf seine Seite.

Nachdem Kronos überwunden und auch das Geschlecht der Titanen in den Tartaros gestürzt war, änderte der neue Herrscher Ordnung und Maß der Welt.

Die allwaltenden Götter entzogen sich nun den Blicken der Sterblichen, errichteten ihre Throne auf dem Gipfel des wolkenverhüllten Olymp und erschienen nur hie und da ihren Lieblingen.

Zeus verkürzte die Dauer des milden, heiterlächelnden Frühlings, ließ ihm eine Zeit der dörrenden Gluthitze folgen und eine solche mit Stürmen und beißender Kälte, wo die Erde öde und kahl wurde. Hilflos suchten die Menschen Schutz in Höhlen und Wäldern. – Schien die Sonne wieder heiter mild, spendete die Erde wieder reichliche Früchte, so dachten die Menschen nicht daran, Vorräte zu sammeln für die Zeiten der Not; denn nicht wußten sie der Jahreszeiten Wechsel aus Zeichen zu erkennen. Wie im Traume wandelnd, irrten sie hilflos auf der Erde umher. Zeus wollte sie in Niedrigkeit leben lassen, denn er fürchtete, auch dieses Geschlecht könnte, seiner Würde bewußt, sich erheben und den Göttern gleich werden.

Prometheus aber erbarmte sich der Menschen und beschloß, ihnen zu helfen. Kühn dem Willen des neuen Weltenherrschers trotzend, fuhr er nieder auf die Insel Lemnos und stieg auf den feuerspeienden Berg, wo in einer Höhle der kunstreiche Hephästos das Feuer hütete. Prometheus entzündete eine Fackel am göttlichen Brand und eilte, das weithinleuchtende Feuer seinen Schützlingen zu bringen.

Sich zu ihnen gesellend, lehrte er sie, die Kraft des Feuers zu nützen und zu bewahren. Er baute ihnen Haus und Herd, leitete sie an, in den dunklen Gängen der Erde nach Erz und Metallen zu graben, es in der Glut des Feuers zu schmelzen und zu Werkzeugen und Waffen zu schmieden. Den wilden Stier zähmte er und zwang ihn ins Joch vor den Pflug, und er zeigte den Menschen, wie sie den Acker bebauen sollten. Schlanke Fichtenstämme fällte er, zimmerte Schiffe und ermutigte die Männer, sich dem schwankenden Meer anzuvertrauen. Er lehrte sie, den Gang der Gestirne zu beobachten, zeigte ihnen das Messen, das Zählen und die Kunst, in Zeichen zu schreiben. Aber auch in der Deutung ihrer Traumgesichte unterwies er sie und lehrte sie, aus Vogelflug und Opfern den Willen der Götter zu erkunden. So entzündete er des Gedankens Lichtkraft in den Menschenseelen und leitete sie zu sinnvollem Handeln an.

Darum verehrten die Menschen Prometheus als ihren Vater und Beschützer; Zeus aber sah mit wachsendem Neid auf die Menschen hin.

Prometheus hatte es gefallen, unter den Menschen Wohnsitz zu nehmen. In einer Berghöhle richtete er eine Schmiedewerkstatt ein. Von Sonnenaufgang bis Sonnenuntergang ertönte das helle Klingen des Amboß, denn unermüdlich war der Erfindungs- und Künstereiche am Werk.

Nicht weit von seiner Felsenhöhle entfernt, auf blumiger Au, lebte Epimetheus, sein Bruder, unter luftigem Laubdach. War jener ein Freund der Menschen, rastlos tätig, klug, vorausdenkend, so liebte dieser, in der Einsamkeit stillversunken den Bildern seiner Träume nachzusinnen. Nachdem Prometheus das

Feuer geraubt, riet er seinem Bruder zur Vorsicht gegenüber den Göttern, denn ihm ahnte, daß Zeus sich rächen werde.

Grollend saß Zeus auf dem Olymp und sann, das lockenumwallte Haupt in die Linke gestützt, wie die vermessene Tat des Titanen auszugleichen sei, der wider seinen Willen und Plan den sterblichen Erdensöhnen das Feuer gebracht.

Da rief er seinen stärksten Knechten, Kratos, dem Zwang, und Bia, der Gewalt, und befahl ihnen, Prometheus zu fesseln und an das Kaukasusgebirge zu schmieden.

Sie schleppten den Gefesselten in das ferne skythische Land, in eine baum- und menschenleere Öde, und schmiedeten ihn mit ausgespannten Armen an die steilragenden Felsen des Kaukasus. Nur den Himmel hatte er über sich und zu seinen Füßen das schwarz wogende Meer.

Ohne Klage ließ der Titan Fesselung, Hohn und Spott der Knechte über sich ergehen.

Wie er aber allein war, unterdrückte er nicht mehr des Zornes tiefnagenden Schmerz. Aufbäumte er sich in den Fesseln, stemmte sich gegen die Erde, daß sie zitterte und bebte, er stöhnte – aber mitleidlos verschlang die tosende, gischtende Brandung seiner Klage Laut.

Bald darauf kreiste ein mächtiger Adler, von Zeus gesandt, über dem Felsen, stieß pfeilgeschwind nieder und hackte Prometheus ein Stück der Leber aus dem Leibe, fraß es und erhob sich in die Luft. Die Leber aber, der Sitz seiner Weisheit und Unsterblichkeit wuchs in der Nacht wieder nach, und wiederum erschien der Adler und erneute des Gefesselten Qual Tag für Tag.

Göttliche Wesen nahten und rieten dem Dulder, von seinem stolzen Sinne zu lassen und sich dem Willen des Blitzschleuderers zu fügen – Prometheus aber blieb unerschütterlich.

Aus alter Zeit verschloß er in seinem Herzen ein Geheimnis

über das Ende der Herrschaft des Göttervaters. Zeus forderte von ihm, daß er es offenbare; aber Prometheus weigerte sich, es preiszugeben, es sei denn, er werde von den Fesseln befreit. Da schleuderte ihn Zeus mit Blitz und Donnergewalt in die dunklen Abgründe des Tartaros und schwur, der Stolze werde nur dann wieder an die Lichtwelt gelangen, wenn ein göttliches Wesen aus freiem Willen für ihn in die Unterwelt hinabsteige.

Den Menschen ließ Zeus das Feuer; um aber die vorschnelle Tat des Prometheus auszugleichen, befahl er Hephästos, eine Jungfrau zu formen, die er mit göttlichem Odem belebte. Alle Unsterblichen begabten sie mit Geschenken – darum wurde sie Pandora, die Allbeschenkte, genannt. Der Götterbote Hermes führte sie zu Epimetheus. Glänzend wie Hera, lieblich wie Aphrodite, edel wie Pallas Athene erschien ihm die Jungfrau gleich einer Himmlischen, als sie leichtbeschwingten Fußes seiner Hütte zuschritt. Von ihrem Liebreiz bezaubert, vermählte er sich mit ihr. Sie brachte ihm als Hochzeitsgabe der Götter ein schöngeformtes Gefäß. Epimetheus, des Bruders Mahnung vergessend, nahm es an. Als sie in wonnigem Wahn befangen das Gefäß öffneten, entwichen gleich düstergrauen Nebelschwaden alle Übel: Krankheit, Not, Begierde, Neid, Lüge, und schlichen und mischten sich unter die Menschen.

Nachbedacht wie er war, schloß Epimetheus schnell den Deckel – da war nur ein einziges Gut darin geblieben: die Hoffnung, welche den Sterblichen allein bewahrt bleibt. Als er aufsah, war auch Pandora verschwunden und ließ ihm nur das schmerzliche Andenken an die Lichtgestalt in seiner Seele zurück.

Prometheus aber wurde, da die Zeit erfüllt war, durch Herakles befreit. Als der Sohn des Zeus die Welt durchzog, um die goldenen Äpfel der Hesperiden zu suchen, kam er in die fernen skythischen Lande, wo der Kaukasus zu den Wolken empor ragt, und sah den mächtigen Adler im Fluge über Prometheus. Herakles flehte zu Zeus, den Dulder von seiner Qual befreien zu dürfen. Der Götterkönig konnte seinem geliebten Sohn die Bitte nicht abschlagen; auch fühlte er seine Herrschaft nach so langer Zeit in allen Welten sicher gegründet und war nun milde und versöhnlich gestimmt. Als nun der Adler wieder zum Olymp sich erhob, erlegte ihn Herakles mit tödlichem Pfeilschuß. Nun galt es noch, Prometheus aus dem Tartaros zu befreien. Dazu ließ er Chiron, den weisen Kentauren holen.

Vor langer Zeit hatte er ihn wider Willen mit einem vergifteten Pfeil getroffen; seitdem siechte Chiron mit fürchterlichen Qualen in seiner Höhle dahin und konnte doch nicht sterben.

Der Kentaur war gerne bereit, für Prometheus in den Tartaros zu steigen und ihm das Los seines ewigen Lebens abzutreten. Somit erfüllte sich Zeus' Schwur, und donnernd fuhr Prometheus mitsamt dem Felsen, woran er hing, an den Kaukasus zurück.

Nun offenbarte Prometheus, was er in seiner Brust trotzig bewahrt hatte: Zeus könne die Dauer seiner Herrschaft verlängern, wenn er sich nicht mit des Nereus schöner Tochter Thetis verbinde, sondern sie einem Sterblichen vermählte; sonst aber werde ihm aus dieser Ehe mit Thetis ein Nachfolger entsprossen, der ihn stürzen werde. – Als Zeus dies vernahm, durfte Herakles dem großen Dulder auch die Fesseln brechen, und Prometheus war befreit.

Prometheus ward nun wiederum aufgenommen in den Kreis der Götter. Er mußte aber auf Zeus' Gebot, als ständiges Denkzeichen an seine Unterwerfung, einen Ring am Finger tragen mit einem Stein aus dem Felsen des dunklen Kaukasus.

DEUKALION UND PYRRHA

VON DER GROSSEN FLUT

Einst lebten die Menschen in seliger Gemeinschaft mit den Göttern. Oft empfingen sie einen der Himmlischen in ihren Hütten oder wurden von ihnen überrascht, wenn sie auf dem Felde ackerten oder das Vieh hüteten. Sie fühlten sich geborgen in göttlicher Huld.

Dann aber zerrissen die Sterblichen das Gängelband und machten sich frei. Wie der Jüngling oder die Jungfrau seine Eltern verläßt, so machten sich die Menschen selbständig, fingen an aus eigener Kraft zu denken und zu entscheiden und empörten sich stolz wider die Ordnung und Führung der Himmlischen.

Aber in demselben Maße als sie den Göttern trotzten, breitete sich Unfriede und Mißgunst unter den Menschen aus. Einfache Sitte, Wahrheitsliebe und Treue schwanden dahin; Eigennutz, Arglist und Trug, Frevel und Gewalttätigkeit traten an ihre Stelle.

Das war den Himmlischen ruchbar geworden. Zeus hoffte, die Gerüchte über die Schlechtigkeit der Menschen seien üble Übertreibungen, und er beschloß, selbst zu prüfen wie es sei.

So verließ er den wolkenumhüllten Olympos und wandelte in Menschengestalt unerkannt auf der Erde umher.

Aber was seine Augen sahen, war noch schlimmer, als was sein Ohr vernommen hatte. Verwilderung und Verruchtheit trat ihm überall entgegen. Nur bei zwei Menschen, bei Deukalion und Pyrrha, welche nahe bei seinem Heiligtum in Dodona lebten, fand er Edelmut und Gottesfurcht.

Auf seiner Wanderung durch Arkadien suchte er, als die Dämmerung sich herabsenkte, das Haus des Königs Lykaon auf.

Als er über die Schwelle trat, gab er durch ein Zeichen zu erkennen, daß ein Gott sich genaht, und die Dienerschaft erschauerte in frommem Staunen und wollte dem Fremdling Ehre erweisen.

Der König aber hohnlachte, hinderte sie, die frommen Bräuche auszuüben und rief spöttisch: «Laßt sehen, ich werde durch eine sichere Probe herausbekommen, ob der Fremdling ein Mensch ist oder ein Gott.»

Er ließ einen Kriegsgefangenen töten und zum Mahl bereiten und setzte diese Speise seinem Gaste zum Nachtmahl vor.

Zeus aber ergrimmte, als er diesen Frevel gewahr wurde, erhob sich schweigend von der Tafel und verließ den Palast. In flammendem Zorn schleuderte er einen Blitzstrahl in das Haus des Frevlers. Augenblicks züngelten Flammen aus Türen und Fenstern, brennend stürzte das Dach ein und das Gemäuer barst von der Glut und Hitze.

Schreiend rettete sich der König aus dem brennenden Palast ins Freie, aber sein Schrein wurde ein Heulen, sein Gewand zerschliß zu rauhen Zotteln, seine Arme verwandelten sich in behaarte Beine, er lief auf allen vieren und ward ein blutgieriger Wolf.

Dies eine Haus war zerstört und der Frevler bestraft, aber Zeus war nun entschlossen, das ganze verruchte Menschengeschlecht zu vertilgen.

Grollend berief er die Götter zur Versammlung auf den hohen Olympos, und als die Himmlischen alle sich um ihn niedergelassen, da schüttelte er sein gewaltiges Lockenhaupt, daß die Erde erbebte, und tief aufseufzend sprach er: «Noch nie war ich so in Sorge um den Bestand meines Reiches, denn soweit die Erde bevölkert ist, habe ich nichts als Schlechtigkeit gefunden, Hochmut und Empörung. Das Menschengeschlecht muß ausgerottet werden.»

Und als er erzählt hatte, was alles er gesehen und erlebt, billigten die Götter seinen Entschluß. Doch fragten einige zagend: «Wer aber wird fortan uns Göttern Weihrauch und Opfer darbringen?» Aber Zeus vertröstete sie und sprach lächelnd: «Ich werde die Erde mit einem neuen, besseren Geschlecht bevölkern.» Und er erhob seine Rechte und wollte flammende Blitze schleudern, doch die Götter bangten, der Himmelsäther möchte sich entzünden, die goldene Weltachse schmelzen und der Sternenhimmel einstürzen und die Erde im Flammenmeer untergehen.

Da besann sich Zeus und sprach: «So will ich denn eine Flut senden auf die Erde neun Tage und Nächte lang, daß alles Lebende in den steigenden Wassern ertrinke.»

Alsogleich schloß er alle Winde, welche die Wolken vom blauen Äther verscheuchen, in die Grüfte und Höhlen des Aiolus ein. Nur den regenbringenden Südwind ließ er wehen. Der zog tief über die Erde hin, mit mächtigen, feuchten Schwingen, das Haupt mit düsteren Schleiern verhängt. Aus Haar und Bart troff Regen in Fülle. Und er trieb alle Wolken zusammen und preßte sie mit mächtiger Faust, und das Wasser ergoß sich in Strömen auf die Erde. Regenflut peitschte brausend nieder. Die ganze Luft war verdüstert vom rauschenden Prasseln. Niedergepeitscht wurden die wogenden Saaten, die Arbeit und Hoffnung des Landmanns lag zerstört.

Und der Gott des Meeres und der strömenden Gewässer, Poseidon, eilte Zeus zu Hilfe. Mit seinem Dreizack durchwühlte er die brausende Salzflut und entfesselte einen gewaltigen Sturm, und aus allen Seen und Meeren rollten die Wogen über die Ufer. Die Erde bebte und dröhnte. Aus allen Höhlungen quollen die Wasser empor und aus allen Brunnen, Bächen und Flüssen stiegen sie auf.

Und die Wasser stiegen und stiegen und bedeckten Wiesen und

Felder, Hütten und Wälder. Die Menschen jammerten und weh-klagten, retteten sich auf Dächer und Bäume, stiegen auf Hügel und Berge oder trieben auf Kähnen über ihren einstigen Wohn-stätten und Weinbergen. Aber die Wogen zerschlugen ihre Kähne, die Flut überdeckte allmählich Hügel und Berge, und was das Wasser nicht verschlang, tötete der quälende Hunger. Unaufhör-lich rauschte der Regen nieder aus düster verhängtem Himmel. Gewaltige Stürme fegten über die Wasserflut, Wogen und Wolken vor sich herpeitschend. Weder Sonne noch Mond noch Sterne waren sichtbar neun Tage und neun lange Nächte lang.

Die Götter selbst ergriff Furcht. Ohnmächtig, den entfesselten Elementen Einhalt zu gebieten, bejammerten sie den Untergang der schönen Welt und bereuten wehklagend, diesem Verderben zugestimmt zu haben.

Im Lande Phokis steht ein Berg, der Parnassos, heiliger Wohn-sitz der Musen. Sein Doppelgipfel allein ragte von der Brandung umtobt, frei aus der Flut ins nächtliche Dunkel empor. Und rings breitete sich die wüste Leere des Meeres.

Als nun nach neun Tagen und neun Nächten Zeus der tobenden Wasserflut Einhalt gebot, die regentriefenden Wolken sich lich-teten, und die Sonne blaß durch die Wolken schien, da landete auf dem Gipfel des heiligen Berges ein geschlossener Kasten und blieb nach langer Irrfahrt ruhen. Ihm entstieg Deukalion, der Sohn des Prometheus, und Pyrrha, sein Weib, die Tochter des Epimetheus und der Pandora.

Hermes der Götterbote hatte diesen frommen Menschen den Rat erteilt, ein festes, überdecktes Schiff zu zimmern, Vorräte zu sammeln und im Kasten aufzubewahren. – Andere erzählen, es sei Prometheus gewesen, der ihnen in weiser Voraussicht diesen Rat gegeben. – Deukalion hatte getan wie ihm geheißen, und als die Flut kam, stieg er mit seinem Weib in den Kasten. So waren sie mit Wissen und Willen der Götter dem Verderben als die einzig Gerechten entgangen.

Noch fluteten die Wogen rings umher, noch kämpfte das Licht mit dem Regengewölk, als Deukalion, auf dem Gipfel des Berges stehend, seine Arme erhob und Zeus und allen Himmlischen dankte für die Rettung. Und er entzündete ein Feuer und spendete reichliche Opfer. Als nun der Opferrauch zum Himmel aufstieg, da versammelten sich alle Götter und freuten sich des herrlichen, lange entbehrten Wohlgeruches.

Zeus und Poseidon wiesen nun die Wasser zurück. Aufklaffte die Erde, und langsam verschlang sie gurgelnd die Wasser. Der Himmel klärte sich allmählich, Berge und Hügel wurden sichtbar und aus den sinkenden Wassern tauchten die Wälder, die Felder auf. Die Flüsse strömten silbernen Bändern gleich, wieder in ihren Betten, die Seen und Meere hatten wieder ihre Ufer gefunden, und in frischem Glanz strahlte die Erde zum Himmel empor.

Da stieg Deukalion mit Pyrrha vom Parnassos herab in die Tiefe. Aber kein Laut drang an ihr Ohr; stumm war die Erde, öde und leer. Sie weinten und klagten: «Was sollen wir beide einsam auf der öden Erde beginnen?» Und sie beschlossen, den Willen der Himmlischen zu erforschen und nach Delphi zu gehen am Fuße des Berges, wo damals noch Themis, die uralte göttliche Verwalterin von Gesetz und Gerechtigkeit ihre Weissagungen gab.

Als sie die Stufen des Altars erreichten, der nur noch in Trümmern da lag, fielen sie auf ihre Knie, küßten die Erde und flehten mit erhobenen Armen: «Gib, o himmlische Themis, neues Leben der versunkenen Welt; gib der Erde das Volk der Menschen zurück!» Da vernahmen sie die göttliche Stimme ertönen: «Wendet euch vom Tempel, löst die gegürteten Kleider, verhüllt euer Haupt und werft hinter euch die Gebeine der Mutter.»

Staunend lauschten sie der Weisung. Dann aber weinte Pyrrha und sprach: «Unmöglich können die Götter von mir fordern, daß ich frevle und den Schatten meiner Mutter kränke und ihre Gebeine auf der Erde zerstreue.»

Deukalion sann über die dunklen Worte der Göttin nach. Da ward ihm mit eins die Deutung klar. Er tröstete Pyrrha und sprach: «Trügt mich mein Sinnen nicht, so ist die Erde gemeint mit der Mutter, die große Erzeugerin. Die Gebeine im Leib der Erde sind die Steine; die sollen wir rückwärts werfen.»

So stiegen sie froh hinab an den Bach drunten im Tal, lösten ihre Kleider, verhüllten ihre Häupter und warfen die Steine hinter sich. Und siehe – die geworfenen Steine verwandelten sich und nahmen allmählich menschliche Gestalt an. Undeutlich trat sie hervor, wie das Bild beim Bildhauer, das aus dem rohen Stein herausgemeißelt wird, aber immer bestimmter und feiner. Was an den Steinen Feuchtes und Lehmiges war, das wurde zu Fleisch, was Geäder war, wurde zu Adern, in denen das Blut strömt, und das Feste ward zu Knochen. So entstanden aus dem Willen der Götter Männer aus den Steinen, die Deukalion warf; die Steine aber, welche Pyrrha geworfen, nahmen weibliche Bildung an. Also ward die Erde mit einem neuen Menschengeschlecht bevölkert.

Aber auch die Tiere erneuerten sich auf der Erde. Als die Sonne den Schlamm durchwärmte, der von der Flut zurückgelassen worden war, regte sich in ihm neues Leben und Bewegen. Mannigfaltige Gestalten krochen aus den Keimen hervor und kamen ans Licht, die zahlreichen Geschlechter der Tiere, und verbreiteten sich auf der Erde, im Wasser und in der Luft.

Deukalion aber wurde der König der Menschen, die aus den Gebeinen der Erde entstanden waren. Er zog mit seinem Volk nach Thessalien und herrschte dort glücklich lange Zeit. Ein Sohn wurde ihm und Pyrrha geboren, den nannten sie Hellen. Von diesem Hellen und seinen Söhnen stammen die vielen Stämme des Volkes, das sich Hellenen nennt und im meerumflossenen, göttlichen Hellas lebt.

APOLLON

Wie aus dem Schoß der dunklen Nacht das Licht feierlich strahlend hervortritt, also gebar Leto, die dunkelgewandete, dem Gotte des Himmels Phoibos Apollon, den Reinen, Strahlenden, den Heiler und Überwinder alles Dunklen und Bösen, den Künder des göttlichen Weltenwillens, den Gott des feierlichen Maßes, der Harmonie und ausgleichenden Gerechtigkeit.

Die schöne Leto aus dem Geschlecht der Titanen ward von Zeus geliebt. Sie mußte diese Liebe aber mit dem grimmigsten Haß der Hera entgelten, denn die Götterkönigin verfolgte sie voll Eifersucht. Als nun die Zeit herankam, da Leto einem mächtigen Gotte das Leben schenken sollte, ließ sich Hera von allen Orten der Erde, welche von der Sonne beschienen waren, schwören, Leto nicht zur Ruhe kommen und nicht gebären zu lassen. So irrte die Göttin in dunklem Gewande von Ort zu Ort, von Land zu Land. Alle Berge, alle Inseln von Hellas flehte Leto um Aufnahme an, aber sie erbebten und weigerten sich, die Bittende aufzunehmen, aus Furcht vor dem gewaltigen Gotte, den sie gebären sollte.

Selbst Bauern verjagten sie, als sie sich einst an einer Quelle niederließ um zu trinken. Zur Strafe verwandelte Leto die Hartherzigen in quakende Frösche.

Endlich erbarmte sich die Erde und ließ eine Insel aus den Fluten des Meeres auftauchen, unfruchtbar, ein kahler Fels, bloß Möwen und Fischern Zuflucht bietend. Da sie erst sichtbar geworden war, nachdem Hera der Erde den Schwur abgenommen hatte, konnte sie Leto aufnehmen. Aber selbst Delos, wie die aufgetauchte Insel genannt wurde, fürchtete sich vor dem Gotte und ließ Leto einen heiligen Eid schwören, daß der junge Gott im Zorn über seinen ärmlichen Geburtsort die Insel nicht mit einem Fußtritt in die dunkle Flut zurückstoße. Poseidon festigte sie mit vier ragenden Säulen im Grunde des Meeres, und Leto weissagte ihr, daß sie, wenn auch arm, als Geburtsinsel Apollos ein weithinleuchtender Stern auf der dunklen Erde werde.

Neun Tage und neun Nächte wartete Leto unter Schmerzen auf die Geburt des göttlichen Sohnes. Die Göttinnen des Himmels alle umgaben sie hilfreich. Hera aber, ränkeschmiedend, hielt auf dem Olympos droben die Göttin der Geburt hinter goldenen Wolken fest, damit sie nichts merke.

Nun sandten die besorgten Göttinnen Iris als Botin in den wolkenumballten Olymp, daß sie heimlich die göttliche Geburtshelferin herbeirufe. Iris versprach ihr ein Halsband aus goldenen Fäden geflochten, neun Ellen lang. Darauf folgte die Göttin eilends der himmlischen Botin. Wie zwei Tauben schossen sie auf Delos zu. Und alsbald kniete Leto nieder auf den weichen Rasen, umfaßte die heilige Palme, die Erde lachte, und aus ihrem Schoß sprang Apoll herrlich und wohlgestaltet ans Licht. Jauchzend begrüßten ihn die Göttinnen alle. Sie wuschen ihn im klaren Wasser, hüllten ihn sorgsam in weißschimmernde Linnen und wickelten ihn mit goldenem Band. Themis, die uralte Prophetin und Walterin der Gerechtigkeit, reichte ihm Nektar und süßen Ambrosia mit unsterblichen Händen. Ab fielen sogleich goldene Bänder und schimmernde Linnen. Apoll, aufgerichtet in strahlender Herrlichkeit, griff nach Pfeil, Bogen und der goldenen Leier, welche Zeus ihm darreichte und sprach: «Lieb sei mir Leier und Bogen. Verkünden werd ich den Menschen in meinen Weisheitssprüchen den unfehlbaren Willen des Zeus!»

Und wie er dahin schritt, ernst und majestätisch, der lichte Gott mit den wallenden Locken und den klingenden Pfeilen, erstrahlte ganz Delos in goldenem Glanz. Es erblühte die Insel und duftete herrlich ringsumher. Selbst die dunkle Meerflut erhob sich grüßend, vom leisen Anhauch des Windes bewegt. Schimmernde Schwäne aus dem Lande der Hyperboreer umkreisten siebenmal singend die Insel, als Apoll ans Licht trat, und auch die lieblichen Nymphen von Delos sangen. Die ganze Insel leuchtete klingend, einem weithin strahlenden Stern gleich.

Und über die Höhen und ragenden Gipfel wandelte der Sohn der gepriesenen Leto, leierspielend, und erhob sich hinauf zum Olympos und trat singend unter die versammelten Götter. Wundersame Klänge und Harmonien entströmten seiner Leier, die ordnend und belebend durch alle Sphären drangen. Die Musen stimmten mit ein im Wechselgesang und priesen die himmlischen Gaben der Götter; sie besangen die Erschaffung der Welt und sangen von der Mühsal der Menschen und ihrem Geschick, das die Götter ihnen verhängt, wie sie unbesonnen und ratlos leben, dem Alter nicht entfliehen noch vom Tode genesen.

Die Göttinnen der Anmut, die Charitinnen und heiteren Horen, die liebliche Harmonia und Hebe, die Göttin ewiger Jugend und Lebenslust: sie alle tanzten mit Aphrodite zusammen, sich leicht am Handgelenk fassend; Artemis auch, herrlich von Wuchs, die hurtige Jägerin und Schwester Apollos, Hermes und Ares selbst tanzte mit im frohschwingenden Chor. Apollon schlug die Leier und schritt dem Zuge voran, hoch und feierlich, umstrahlt vom Glanze, als Führer der Musen und Tänzer. Die ganze Schöpfung ertönte in klingender Harmonie, Anfang und Ende fügte er in eins zusammen. Leto, die goldgelockte, und Zeus, der Vater der Götter und Menschen, weideten Auge und Ohr am herzerfreuenden Anblick bei des Sohnes Spiel und Gesang im Kreise der ewigen Götter.

Dann aber schritt Apollon nieder zur Erde, um für die Menschen eine Stätte zu suchen, an der er ihnen die Schicksalssprüche des weisen Weltenherrschers verkünden konnte. Nach langem Suchen kam er ins Tal des Pleistos, der, aus engen Schluchten sich zwängend, in der fruchtbaren Ebene von Krisa ins Meer fließt. Dort oben im Gebirge hauste Typhon, ein riesiger Drache, in finsterem Erdschlund, nahe der Quelle Kastalia und hütete das Heiligtum der Erdgöttin Themis. Hera hatte Typhon aus Neid und Zorn über Zeus aus der Erde erschaffen. Vom Gebirge aus dem oberen Pleistostal war der Drache herabgekrochen in die Ebene, verheerte die Felder, verjagte die Nymphen, zerriß Menschen und Vieh und schlürfte ganze Bäche aus. Lange schon hauste er da, und die Gegend verödete.

Als Apollon im Tal erschien, kroch der Drache mit blutrot glühendem Blick aus der dunklen Kluft und stellte sich ihm wildschnaubend entgegen. Apollon legte einen Pfeil auf den Bogen und spannte die Sehne. Sirrend schoß der Silberpfeil durch die Luft und drang dem Ungetüm durch Rachen und Genick. Aufheulte der Wurm, geiferte und peitschte den Schwanz, daß der Staub vom Boden stob. Der Schütze sandte den zweiten Pfeil. Der Drache bäumte sich fauchend hochauf und stürzte auf den Gegner los, da durchdrang ihn der dritte Pfeil und traf mitten ins Herz. Grausiges Geschrei erscholl, das schaurig in Schlucht und Kluft widerhallte, der Drache wälzte sich zuckend und hauchte sein dunkles Leben aus. «Hier lieg und vermodere! Du wirst keinem Wesen mehr Elend und Verderben bringen!» sprach der gestrenge Schütze und schloß seinen Köcher. Durch die heilige Kraft des Lichtes löste sich der Leib des Drachen alsogleich auf, vermoderte im Talgrund, und die Erde nahm ihn in sich auf. Der von den Lichtpfeilen des Gottes überwundene dunkle Drache ward fortan Python genannt, der Vermodernde.

An der Stelle, wo Themis, die Tochter Gaias, den Menschen bis jetzt das Orakel verkündet hatte und wo der grausige Drache gehaust, zog Apollon als Sieger ein. Er beschloß dort einen Tempel zu stiften und den Menschen fortan die untrüglichen Gottessprüche ans Licht zu senden aus tief verborgenem göttlichen Grund.

Als nun aber Themis, die alte Prophetin, aus ihrer Stätte vertrieben war, rächte sich Gaia. Sie erzeugte in den Menschen Traumgesichte, wodurch sie alles erfuhren, was sie betraf und auch, was künftig geschehen werde, wenn sie auf nächtlich dunklem Lager schliefen. Dadurch raubte sie des großen Sehers Ruhm. Apollon eilte flugs hinauf zum Olympos und klagte es Zeus. Dieser neigte sein Haupt und schenkte dem Flehenden Gehör. Zeus verdunkelte den Menschen die nächtlichen Traumgesichte und gab Apollon alle Kraft und Ehre der Weissagung zurück. Auch erweckte er in den Menschen Vertrauen zu dem göttlichen Wort, das Apoll ihnen kündete, thronend auf goldenem Dreifuß über der dunklen Erdkluft.

Nachdem Apoll den Drachen überwunden hatte, mußte er sich einer langen Sühne unterziehen, um sich von der Blutbefleckung durch den getöteten Drachen zu reinigen.

Dazu sollte er nach dem Ratschluß der Götter in den Dienst eines Sterblichen treten und ihm acht Jahre als Knecht dienen. Darum wanderte Apoll nach Thessalien und hütete dort die Schafe und Rinder des Königs Admetos, des Lieblings der Götter. Und die Herden gediehen unter seiner Hut. Wirr krauste sich die Wolle der Schafe; um die grasenden Kühe standen saugende Kälber, und die schönglänzenden Rosse waren die schnellsten weit und breit.

Wenn der schöne Jüngling Apoll die Hirtenflöte blasend oder die Leier spielend die Schafe hütete oder die Herden geruhsam vor sich hertrieb zur Tränke oder auf frischen Weidegrund, klang und sang es so schön, daß die ganze Natur in Frieden erstrahlte und die wilden Tiere selbst aus ihren Schlupfwinkeln hervorkrochen und ihm friedlich folgten.

Oft auch spielte Apoll mit den Nymphen der Quellen auf blumigen Triften oder jagte die Leichtfüßigen in heiterem Spiel durch Schluchten und Wälder. Eine der Nymphen aber, die Tochter des Flußgottes Peneios, des herrlich Strömenden im grünbebuschten Tempetal, erregte des Gottes Liebe. Sie aber floh scheu wie ein Reh vor ihm davon. Denn Eros hatte, um sich an Apoll zu rächen, den Gott mit einem Pfeil getroffen, der die Liebe erweckte, der Nymphe aber einen Pfeil gesandt, durch den sie seine Liebe mied. Als nun Apoll die Schöne einst allein überraschte, verfolgte er sie und glaubte sie schon zu erhaschen, da flehte die Scheue, Reine Zeus um Hilfe, und er verwandelte sie in einen Lorbeerbusch, als Apoll sie umarmte. Der Jüngling brach einen Zweig und kränzte sich das Haupt. Fortan trug er immer einen Lorbeerkranz zur Erinnerung an Daphne, die scheue Nymphe, die er geliebt.

Zuzeiten auch zog Apoll an der Seite seiner Schwester Artemis, der Jägerin, aus und jagte die wilden Tiere in Schlucht und Kluft, das Böse, Wilde allerorts überwindend und besiegend. Mit ihr zusammen bekämpfte er auch Tityos, den erdgeborenen Riesen, der lüstern ihrer Mutter Leto sich genaht. Von den Pfeilen der Geschwister getroffen, sank er dahin in die Unterwelt. Dort zehrte ihm ein Geier täglich an der Leber, aber mit zunehmendem Monde wuchs sie immer wieder nach.

Als Apoll die Schafe hütete, spielte er gerne mit einem schönen Jüngling, Hyakinthos genannt, den er liebte. Oft jagten sie zusammen in den Wäldern oder ergötzten sich am Spiel. Einst warfen sie in der Mittagsglut die Diskosscheibe um die Wette. Apoll schleuderte den flachen Stein als erster bis hoch in die Wolken hinauf. Als der Diskos zur Erde fiel, eilte Hyakinthos im Wetteifer hinzu, um sich auch zu messen. Da aber sprang die Scheibe, am Boden aufprallend, wieder auf und traf den Jüngling. Zu Tode getroffen sank der Knabe erbleichend auf die Erde. Apoll umarmte ihn, um ihn zu wärmen, legte Kräuter auf die blutende Wunde, küßte ihn, weinte und flehte, um die fliehende Seele zurückzuhalten, aber umsonst. Wie eine schöne Blume des Feldes unter dem sengenden Strahl der Mittagssonne welkt und verblüht, also starb der schöne Knabe. Laut erscholl der Wehruf des Gottes. Trauernd beugte sich Apoll über den Knaben: da ließ die Erde aus dem dunklen Blute eine Blume erstehen, lilienförmig mit dunkelpurpurner Farbe zum Gedächtnis des schönen Jünglings. Es ist die Hyazinthe. Auf den Blütenblättchen trägt sie das AI AI, den Wehruf des Gottes, tief eingegraben.

Einst, nach Sonnenuntergang, schlich Hermes, kaum geboren, an die Herden Apolls heran und stahl fünfzig Rinder. Listig wußte der göttliche Dieb die Spuren durch Zweige zu verwischen, so daß sie nicht zu erkennen waren. Auch band er sich die Sohlen verkehrt unter die Füße, um Apoll zu täuschen, wenn er sie suchte. Durch die ganze Nacht trieb Hermes die Herde so vor sich her, bis er gegen Tagesanbruch die finstere Höhle von Pylos erreichte. Dorthin versteckte er die Rinder. Darauf schlüpfte Hermes wie ein Lüftchen in die Grotte, in der er vor kurzem geboren war, legte sich in die Wiege und lag da wie ein unschuldiges Kind.

Mit dem ersten Aufleuchten der Morgenröte erhob sich Apoll und machte sich auf, um die fehlenden Rinder zu suchen. Ein Alter, der an einem Zaune flickte, verriet ihm, daß der Dieb in der

Nacht vorbeigezogen sei, doch wisse er nicht, wohin er die Herde getrieben. Apollon fand die Rinder nicht. Doch seine Weisheit wies ihn dorthin, wo der Dieb zu finden war. Darum machte er sich auf und schwang sich auf den schneebedeckten Gipfel Kyllene, wo in luftiger Grotte Hermes lag. Der duckte sich in die Wiege, als der große zürnende Bruder eintrat und tat, als ob er schliefe. Apollon schalt ihn heftig und bezichtigte ihn des Diebstahls. Aber Hermes verstand so pfiffig unschuldig zu lügen und zog mit blinzelnden Blicken die Brauen empor, hierhin und dorthin die Blicke werfend, daß selbst der gestrenge Apoll lächeln mußte. Dennoch packte er den Knaben schnell, zerrte ihn aus der Wiege und wollte mit Gewalt ihn zwingen, die Herde herauszugeben. Aber Hermes wußte sich also zu wehren, daß Apoll gern und schnell ihn wieder losließ. Streitend und scheltend einigten sie sich, vor Zeus zu treten, daß er urteile, denn bei ihm war die Waage des Rechtes für beide gerichtet.

Feierlich lag der beschneite Olympos, und die ewigen Götter sammelten sich in der goldenen Frühe, als die beiden vor den Göttervater traten. Apollon klagte wider den Bruder. Als Zeus die Klage gehört und die Widerrede des listigen Knaben, lachte er laut und freute sich seines klugen Sprößlings. Doch entschied er, daß der schlaue Dieb die Rinder dem Besitzer wieder zurückgeben müsse. Und Hermes gehorchte dem Vater.

Um Apollon vollends zu versöhnen, ergriff Hermes seine Leier, die er aus der Schale einer Schildkröte kunstvoll gearbeitet hatte, und entlockte ihr liebliche Töne. Da lächelte Phoibos Apollon freudig erregt. Der Klang der göttlichen Töne drang in sein Herz und ergriff seine Seele. Und Hermes hub an zu singen mit silberheller Stimme. Feiernd besang er die ewigen Götter, Zeus zuerst, dann alle die andern der Reihe nach und hielt in den Armen die herrliche Leier. Unbezwingliches Sehnen befiel die Sinne Apolls und begeistert rief er: «Welche Kunst, welch ein Sang um alle Sorgen zu schmelzen! Du Gaukler und Tausendkünstler, fünfzig Kühe sind wert, was du da gesungen! Sage mir, gab dir einer der Götter oder der sterblichen Menschen einer dies Wundergerät und lehrte dich göttliches Singen?» Hermes erzählte ihm, wie er das Instrument gemacht und sprach: «Da dein Sinn so stürmisch verlangt, die Leier zu spielen, nimm sie denn, ich schenke sie dir! Spiele und lebe in strahlender Freude. Trage sie heiter hin zum üppig-blühenden Mahle, spiele sie zum lieblichen Reigen, zur festlich prangenden Feier der Sterblichen. Frohsinn erklinge bei Tag und bei Nacht aus ihren Saiten, kunstvoll geschlagen.»

Daraufhin versöhnten sich die beiden und liebten sich mit umfassender Liebe. Aus der Hand des großen Bruders erhielt Hermes einen goldenen Stab mit zwei Schlangen umwunden, den der Götterbote fortan trug, wenn er den Willen des Kroniden ausführte und auch, wenn er die Seelen der Toten in die Unterwelt geleitete, hin vor den Thron des Hades.

Nach der Sühne zog Apoll als Pythios, als Drachenüberwinder, rein und feierlich als Herr in Delphi ein.

Aber noch stand kein Tempel und noch fehlte die ehrende und opfernde Priesterschaft. Darum hielt er Ausschau nach Priestern, die in dem zu stiftenden Heiligtum die Opfer darbringen und die Gesetze verkünden sollten.

Da sah er weit draußen im purpurnen Meer ein Schiff mit geblähten Segeln mit Männern aus Kreta, auf dem Weg nach Hellas. Phoibos Apollon eilte ihnen entgegen. In Delphinsgestalt sprang er ins Meer und schwamm zum schwärzlichen Schiff und schnellte auf Deck. Da lag er, groß, ein schreckliches Untier. Als die Männer es betrachten wollten, ob es wieder hinabtauche in die dunkle, fischreiche Flut, da rüttelte es sich, daß die Balken bebten, und die Männer saßen in stummem Entsetzen, lösten nicht die Taue, kehrten nicht die Segel, sondern schifften, wie der Wind sie trieb. Und das Schiff lenkte in den Hafen von Krisa, den leuchtenden, rebenumgrünten.

Da sprang der mächtige Herrscher Apollon vom Schiff, einem Stern gleich im hellsten Scheine. Funken sprühten von ihm und Glanz erfüllte den Himmel. Die Schiffer alle packte ein Schauer.

Bald wandte sich Apoll und nahte dem Schiff in der Gestalt eines starken, eben erblühten Jünglings, die breiten Schultern von goldenen Locken umwallt, und sprach zu den zagenden Schiffern: «Fasset Mut, ihr Männer, die ihr vordem das waldreiche Kreta bewohntet. Nicht sollt ihr heimwärts kehren. Nein, dort oben wo die Glanzfelsen glitzern, der Parnaß sich erhebt, dort wo ich, Phoibos Apollon, den Drachen besiegte, sei mein Heiligtum, sei euer Haus. Dort dienet als Priester mir. Deutet und kündet den Menschen den heiligen Ratschluß der Götter, wie ihn die Priesterin durch meinen Mund erfahren wird, sitzend auf heiligem Dreifuß, Lorbeer umkränzt, über den steigenden Dämpfen, die aus dunkler Erdkluft wirbeln und wallen.

Nehmt euer Gut aus dem Schiff, errichtet einen Altar an der Brandung des Meeres, facht ein Feuer an und opfert weißes Gerstenmehl, umringt den Altar und spendet den seligen Göttern des hohen Olympos. Mich aber nennt betend so, wie ich euch zuerst auf nebelumdunstetem Schiff als Delphin erschien: Delphinier, und der Tempel droben am Fuß des Parnaß sei der delphische fortan genannt.

Nachdem ihr geopfert, bereitet ein stärkendes Mahl an der Seite des schwärzlichen Schiffes. Habt ihr alsdann das Herz am erquickenden Mahle gesättigt, folget mir nach und singet mir ehrende Hymnen, bis wir zur Stätte gelangt, wo einst die Menschen in großer Zahl opfernd und ratsuchend sich scharen um Altar und schimmernden Tempel.» Also sprach der Gott. Die Schiffer lauschten voll Ehrfurcht und verrichteten alles, wie er geboten.

Als sie nun geopfert hatten und sich gestärkt, erhoben sie sich und folgten Apoll. Er ergriff die göttliche Kithara und schlug mit goldenem Schläger die Saiten, und wundersame Klänge erfüllten das Tal. Hoch und herrlich schritt Apoll einher, umwallt von duftenden Gewändern. Hymnen singend folgten ihm die Kreter bis zur dunklen Schlucht, wo der Quell Kastalia entspringt und steil der Parnaß sich erhebt.

Siehe, da stand über dem dunklen Erdspalt ein Tempel, golden schimmernd und weithin duftend, aus Wachs, von fleißigen Bienen erbaut. Dieses zarte Gebilde aber ward bald ins goldene Land der Hyperboreer entrückt, und ein zweiter Tempel entstand, durch Menschenhand errichtet nach dem Vorbild des ersten, doch festgegründet aus goldenschimmerndem Gestein. Und wie Apoll geweissagt, also kam es: von nah und fernher übers ungastliche Meer kamen die Menschen der griechischen Zunge zum Tempel gezogen, opfernd, ratsuchend und des Gottes Weisheitsspruch erfragend. Wenn sie, gereinigt durch die Wasser Kastalias, aus dem Hain zum lichten Tempel emporschritten, leuchteten den Nahenden drei Mahnworte von Mauer und Gesims des Tempels entgegen:

«Alles mit Maß»
«Erkenne dich selbst»
«Du bist ein Ich»,

ein Aufruf des Gottes an die Menschenseele, ihres göttlichen Ursprungs innezuwerden.

Weit, weit jenseits der Berge, von welchen die Winterstürme

herbrausen, war die Heimat des Volkes der Hyperboreer. Sie wohnten in einem Land des ewigen Lichtes, umgeben von silbernen Bergen, und lebten voll seliger Ruhe, Weisheit und Tugend. Es war das geliebte priesterliche Volk Apollos, das ihn in erhabenen Hymnen feierte und verherrlichte ohne Unterlaß. Heilige Greife hüteten dort unermeßliche Schätze lauteren Goldes.

Aus diesem Land des Lichtes kamen die schimmernden Schwäne hergerauscht, welche Delos singend umkreisten, als Phoibos Apoll strahlend die Erde betrat. Zeus schmückte seinen Sohn mit der Stirnbinde und schenkte ihm die goldene Kithara und den Schwanenwagen, der ihn nach Delphi führen sollte als Weissager und Richter der Hellenen.

Aber die Schwäne entführten Apoll in das heilige Land des Lichtes, zu den Hyperboreern, in seine wahre Heimat.

Dorthin kehrte Apollon immer wieder zurück in der düsteren Jahreszeit, wenn die Winterstürme brausend über das Land fegten, und von dort riefen und flehten die Hellenen ihn durch Hymnen herbei, wenn das Jahr sich zu erneuern begann im schwellenden Frühling.

Wenn Apoll im Sommer dann seinen glänzenden Einzug hielt, jubelte die ganze Schöpfung auf: die Nachtigallen flöteten, ihn zu ehren, die Schwalben begrüßten ihn sirrend in jubelndem Flug, die Schmetterlinge und Libellen fächelten ihm freundlich mit ihren lichten Flügeln und selbst die Zikaden zirpten Tag und Nacht, vom Gott begeistert. Silberhell begann der kastalische Quell zu strömen, und der Pleistos unten im Tal von Delphi und die anderen Flüsse alle rauschten in höheren Wogen. Überall wurde des Lichtgottes strahlende Erscheinung mit Jubel gefeiert: auf dem Meer, wo Apoll als Schutzherr der Schiffer angerufen wurde, der das düstere Gewölk zerstreut und Wogen und Winde besänftigt; als Gott der strahlenden Jugend und rüstigen Kraft;

46

als fernhin treffender Schütze und Überwinder des Bösen; als Gott des Heils und des Heilens, des Friedens, als Schützer der Straßen, der Obdachlosen und Flüchtenden.

Am siebenten Tag des Frühlingsmonates feierte ganz Hellas den Geburtstag des Gottes und die Stiftung des delphinischen Orakels. Mitte des Sommers war das Fest der Wiederkehr des Gottes. Ein großes Erntefest wurde gefeiert. Dem Herrn über die Herden und Felder brachte man die Erstlinge der Rinder und Schafe, die schönsten Garben und Früchte dar.

Im Herbst sodann erinnerte man sich seines Sieges über den Drachen, aber auch seiner Sühne und empfing den Siegenden mit Opfern, feierlichen Festzügen, Musik und gymnastischen Spielen. Sieg und Sühne des Gottes wurde alle acht Jahre in Delphi dargestellt. Ein schöner Knabe trat als Drachenkämpfer auf. Wie Apoll siegend sich mit dem Blut befleckte und sich der Sühne unterziehen mußte, also floh der Knabe nach Überwindung des Drachen nach Thessalien. Dort trat er in niedere Dienste, wurde im Lorbeerhain des Tempeltales gereinigt und ward auf der heiligen Straße feierlich nach Delphi zurückgeführt.

Apollon wurde nicht allein als Verkünder der göttlichen Schicksalssprüche verehrt, er wurde auch angerufen als Heiler, Erlöser und Versöhner von Geist und Körper umnebelnder, kränkender und verzehrender Schuld. Hatte sich ein Bösewicht durch die Untat befleckt, begann auch schon die Zerrüttung seiner Seele. Am Altar des Apoll konnte der Schuldige Sühne finden seiner Tat und Heilung seiner Zerstörung: Er mußte das Blut des Sühneopfers auf sich nehmen, sich reinigen und als Diener Apolls durch Taten Buße tun. Dann konnte er, in sich selbst gerichtet und geheilt, wieder in die menschliche Gemeinschaft aufgenommen werden.

Und durch die Macht der Musik, durch die alles ergreifende,

alles besänftigende Harmonie der Klänge der Kithara war Apoll ein Gott des ordnenden Maßes, ein Diener und Hersteller der göttlichen Wohlordnung und ein Heiler der Krankheiten des Gemütes und des Leibes der Sterblichen.

Durch die Musik der Leier aber, die ihm Hermes geschenkt hatte, erregte er Frohsinn und Heiterkeit, welche die Menschen stärkte und erhob, wenn sie nach des Tages Mühen zu fröhlichem Fest sich vereinten. Wo aber diese Musik im rechten Sinn erklang, gesellten sich auch die drei Charitinnen, die Göttinnen der Anmut hinzu, sanfte Freude, heiteren Scherz und edles Maß verbreitend und in Tanz und fröhliches Mahl der feiernden Menschen mischend.

Ein Freund und Wohltäter der Menschen war Apoll, der gewaltige Gott, vor dem selbst die Olympier sich erhoben, wenn er in ihre Versammlung trat, ein strenger Richter und Weiser, ein Künder und Ordner, ein Heiler und Bringer des Maßvollen, Edlen, Schönen.

DEMETER UND PERSEPHONEIA

Demeter, die Segen spendende Göttin, die Mutter alles Wachsenden und Hüterin der heiligen Gesetze, hatte dem Göttervater eine liebliche Tochter geboren, Persephoneia genannt, schön und licht von Gestalt, anmutigen Ganges, den Himmlischen eine Freude.

Einst spielte die Jungfrau mit des Okeanos schönen Töchtern auf blumenbesäter Wiese, freute sich der Blüten, der Rosen, der Krokusse, Hyazinthen und Veilchen. Ganz berauscht aber ward sie vom süßen Duft der schneeweißen, sternstrahlenden Narzissen. Hingegeben der Schönheit, das Gebot der göttlichen Mutter vergessend, neigte sie sich und pflückte eine Narzisse am Grund.

Aufklaffte da die Erde, und aus der Tiefe empor fuhr Hades mit donnerndem Rossegespann, raubte die Schöne und entführte sie auf goldenem Wagen in das düstere Reich der Schatten als Gattin und Gebieterin. Die Jungfrau schrie und flehte Zeus und alle Himmlischen um Hilfe. Solange sie die Erde, das rauschende Meer und den gestirnten Himmel sah, hegte sie Hoffnung, doch unerhört verhallte ihr Wehruf. Nur zum Herzen der Mutter drang ihr Schrei.

Demeter, thronend unter den Olympiern, das Haupt von goldenen Ähren umflochten, vernahm den Wehschrei des Kindes. Rasch erhob sie sich vom Hochsitz und folgte eilenden Fußes dem verhallenden Ruf.

Nieder zur Erde stieg sie. Von düsterer Ahnung getrieben, legte sie Kranz und lichten Schleier hin, umhüllte sich mit dunkelblauem Gewand, entzündete zwei Fackeln und suchte die Entführte durch Berg und Tal.

Neun Nächte und neun Tage irrte die göttliche Mutter wehklagend auf der Erde umher; keiner der allwissenden Götter, keiner der Sterblichen wagte, ihr die Wahrheit zu sagen. Nur Helios, der Strahlende, Weithinschauende antwortete auf ihre Frage, daß Hades die Tochter geraubt.

Unermeßlich war der Schmerz der Mutter, schrecklich der Zorn der Göttin. Weg wandte sie sich von den ewigwesenden Göttern und schwur, den Olymp nicht mehr zu betreten und die Erde nicht Frucht noch Korn hervorbringen zu lassen, es sei denn Persephoneia werde aus der Unterwelt befreit. Und unter die Menschen schritt die Göttin. Unerkannt trat die Trauernde an den Herd des Königs von Eleusis und amtete schweigend als Dienerin des Hauses lange Zeit.

Als aber die Fruchtbarkeit der Erde schwand, und die Not des Hungers die Menschen bedrohte, versammelte Zeus die Himmlischen zum Rat und befahl dem Herrscher des Totenreiches, Persephoneia freizugeben. Hades beugte sich dem Befehl; doch ehe er sie zur Lichtwelt entließ, betörte er die Schöne, den süßen Kern eines Granatapfels zu essen. Die Götter sandten Hermes der Jungfrau entgegen, und er geleitete sie zur Mutter zurück.

Groß war die Freude des Wiedersehens mit der göttlichen Mutter. Nun war sie versöhnt, und alsogleich sproß in Fülle das Gras auf der dörrenden Erde und das Korn und die Blumen in leuchtender Schönheit. Zum Olympos kehrte die hehre Göttin zurück, von den Himmlischen freudig begrüßt.

Es hatte sich aber die scheidende Göttin den Menschen, an deren Herd sie segensvoll geweilt, zu erkennen gegeben. Und in frommem Staunen stiftete der König heilige Weihen in Eleusis, der trauernden Mutter zum Gedächtnis und Dank für die Gaben.

Nicht lange freute sich die Mutter des aus dem Dunkel ihr wiedergeborenen Kindes. Denn bald zog ein sehnendes Verlangen Persephoneia zum Reich des Hades zurück. Argwöhnend fragte die Mutter, ob sie Speise genossen habe, als sie in der Tiefe geweilt, und Persephoneia gestand, daß ihr der hohe Herrscher beim Abschied den Kern einer Granatfrucht gereicht.

Da erkannte die Göttin, daß Hades ihr Kind überlistet und durch die Zauberkraft der Frucht mit unlösbaren Fesseln an sein Reich gebunden hatte. Zeus, vor den sie klagend schritt, konnte das Unglück nur mildern. Er bestimmte, daß zwei Drittel der Zeit die liebliche Tochter bei ihrer Mutter verweilen dürfe, doch ein Drittel des Jahres dem Herrscher im Reich der Toten als Gattin gehöre.

Immer nun, wenn Persephoneia aufersteht aus des Hades Schlünden und dem Licht aufs neue geboren wird, freut sich die Göttin, und es schmückt sich die Erde neu mit duftenden Blumen und sprießendem Gras.

Wenn aber die Zeit naht, da Persephoneia hinstirbt dem Reich des Lichtes und hinabsteigt ins düstere Land der Schatten, umwölkt Trauer die Seele der großen Mutter, und es verwelken Blumen und Gras, es erstirbt der Gesang der Vögel, und die Erde erstarrt im Schmerz.

DEMETER IN ELEUSIS

Als Demeter in der Welt umherirrte und Persephoneia suchte, kam sie einst gegen Abend nach Eleusis.

Müde und gramverzehrt, einer Sklavin gleich, setzte sie sich auf einen Stein unter den Ölbaum, nahe der Quelle, aus der die Frauen der Stadt das Wasser schöpften.

Die Sonne sank, und die Hirten trieben die Herden ein, als die Töchter des Königs Keleos lachend und scherzend zum Brunnen kamen. Freude beschwingte ihren Schritt, denn ihre Mutter hatte in der Morgenfrühe einem Knaben das Leben geschenkt. Als sie ihre bronzenen Krüge füllten, sahen sie die Fremde. Mitleid ergriff sie, und die Mädchen sprachen: «Wer bist du denn, Alte, warum hältst du dich fern von der Stadt und nahst dich nicht den Menschen, die dir Gutes täten in Worten und Taten?» Da antwortete die Fremde: «Ihr lieben Kinder, da ihr also fragt, will ich euch alles erzählen: Doso ist der Name, den meine Mutter mir gab. Von Kreta ward ich als Jungfrau durch Räuber entführt. Als sie einst am Festland anlegten und am Strand ihr Mahl bereiteten, gelang es mir, ungesehen ins dunkelnde Land zu entweichen, und sie konnten mich nicht als Sklavin verkaufen. Seitdem wandere ich heimatlos umher und bin nun nach langer Irrfahrt hierhergekommen. Erbarmt euch meiner, ihr Mädchen, auf mannigfaltige Weise wüßte ich in eurem Vaterhause zu dienen, sei es als Magd oder als sorgende Amme.»

Darauf die Mädchen: «Mütterchen, wahrlich, du gleichst eher einer Göttin als einer Magd. Aber warte ein Weilchen, willst du es so, so gehen wir heim und fragen unsere Mutter, ob sie dich als Amme aufnehme unseres heute geborenen Bruders.» Sprachen's und schritten davon mit den vollen glänzenden Krügen.

Nicht lange dauerte es, und sie kehrten zurück, hüpfend wie Rehe, und baten die Alte, ihnen ins Haus ihres Vaters zu folgen.

Die Fremde erhob sich und folgte den Mädchen in die Stadt. Unerkannt schritt Demeter über die hohe Schwelle des Palastes. Den Willkommenstrunk wies sie schweigend zurück. Ihre erhabene Gestalt, die trauervolle Miene erweckte Mitleid und Ehrfurcht zugleich. Niemand wagte, in ihrer Gegenwart ein lautes Wort zu sprechen. Nur der Spaß einer einfachen Magd, Jambe, nötigte ihr ein Lächeln ab, und sie ließ sich von ihr zum Genuß von Speise und Trank bewegen. Aber sie begehrte nur Wasser mit etwas Gerstenmehl und Kräutern.

Die Königin Metaneira reichte es ihr zum Gruß und sprach: «Wahrlich, du scheinst nicht von geringen Eltern geboren, sondern von edlen, denn aus deinen Augen leuchten Würde und Hoheit, wie sie Königinnen allein geziemt. Aber wir Menschen haben der Götter Geschick zu tragen, notgezwungen, ob Glück sie oder Weh uns zuteilen. – Da du als Dienerin dies Haus betreten, übergebe ich dir dieses Kindlein, Demophon, das mir die Götter unverhofft noch geschenkt, zur Pflege und Obhut.»

Und die Alte erwiderte: «Heil auch dir, Königin! Gutes mögen die Götter dir geben. Gern will ich deinen Sohn aufziehen und sorgend ihn pflegen, wie du mir gebietest.» Und die Göttin nahm das Kind an ihre Brust, nährte es mit Ambrosia und salbte es, und das Kind blühte, gedieh und wuchs herrlich heran in ihren schimmernden Armen. Nachts, wenn alles im Palaste schlief, wachte sie an der Wiege, nahm das Kind auf und hielt den Knaben über die flammende Glut des Herdfeuers, damit alles Irdische an ihm geläutert werde und er die Unsterblichkeit der Götter erlange.

Die Mutter gewahrte die Verwandlung, die mit dem Knaben geschah, und ihr war, als würde ihr das Kind nach und nach durch die fremde Frau entzogen. Mißtrauisch geworden, stand sie eines Nachts vom Lager auf, trat in die hohe Halle und belauschte die Amme.

Als sie sah, wie die Alte den Knaben über den roten Feuerschein des Herdes hielt, schrie sie auf vor Entsetzen und machte Lärm, denn sie glaubte, die Fremde bringe den Knaben um.

Zornig wandte sich die Alte um, stand vom Herd auf und legte ihr den Knaben zu Füßen. Dann warf sie den dunkelblauen Schleier ab und erschien in göttlichem Glanz, und die goldenen Locken wallten ihr bis auf die schimmernden Schultern. Und also sprach die Göttin: «Weh euch, ihr Menschen, unfähig seid ihr, im voraus zu erkennen, ob ein Geschick gut ist oder böse, das herannaht. Törichte, wisse, ich wollte deinem Sohn die Unsterblichkeit der Götter verleihen. Nun hast du mich gestört, und darum wird er dem Tode verfallen. Aber er wird dereinst große Verehrung genießen, weil er auf meinem Schoße saß und an meiner Brust geschlummert. – Vernimm denn: Demeter bin ich! an hohen Ehren reich. Lange weilte ich in eurem gastlichen Haus. Aber jetzt muß ich euch verlassen. Sage deinem Herrn und König, daß er mir draußen vor dem Tore auf dem Hügel einen weiten Tempel errichte und einen Altar, und ich werde euch heilige Gebräuche lehren.» Also sprach sie. Und Wohlgeruch verbreitete sich alsobald, und ein himmlischer Glanz umleuchtete sie, und sie entschritt und wich aus dem hohen Palaste.

Metaneira schlug ohnmächtig auf dem Boden auf. Durch den Lärm und das Wimmern des Knaben aufgeweckt, erschienen die Töchter und Mägde. Diese kümmerten sich um die Königin, und die Schwestern nahmen den verlassenen Knaben in ihre Obhut.

Als die Königin wieder zu sich kam, bebte sie vor Ehrfurcht, und die ganze Nacht betete sie zur großen Göttin. Als das Frührot erschien, erzählte sie dem König, was geschehen war und was Demeter geboten.

Auf dem bezeichneten Hügel vor der Stadtmauer errichtete Keleos einen herrlichen Tempel und einen Altar, der Göttin zu Ehren. Und Demeter nahm Wohnung in dem Haus und segnete das Land. In Eleusis gedieh das Korn, während überall sonst die Felder und Weiden dorrten, die Bäume fruchtlos blieben. Menschen und Vieh darbten, solange die göttliche Mutter den Himmlischen grollte über den Raub ihrer Tochter.

Als aber die Götter sich mit Demeter versöhnten und Persephoneia wiederkehrte aus der Unterwelt ins himmlische Licht, sproß grünend das Gras, und die Erde bedeckte sich mit lebenspendendem Korn, und die Bäume blühten und trugen reiche Frucht, und die Herden mehrten sich. Demeter aber behielt als liebsten Wohnsitz unter den Menschen den Tempel zu Eleusis.

Als Demophon zum Jüngling herangewachsen war, erschien ihm die Göttin. Sie schenkte ihm in einer Schale goldene Gerstenfrucht und lehrte ihn, den Acker mit dem Pflug und dem Vorspann des Stieres zu pflügen und das Korn in der Tenne zu dreschen. Und der Acker gab reichere Frucht, und die Tennen füllten sich mit goldenen Garben; sie lehrte ihn auch die Fruchtbäume sorgsam zu pflegen, zu schneiden und bewässern, den Feigenbaum, den Weinstock und den Ölbaum, und Schläuche und Krüge in Keller und Scheune füllten sich.

Dann gab sie ihm Gesetze und Unterweisungen wie die Menschen in Haus und Stadt zusammenleben sollten, damit Sitte, Eintracht und Friede einziehe.

Als Triptolemos sandte sie ihn als ihren Boten aus auf geflügeltem Wagen, damit er überall die Menschen unterweise und die Gaben der Göttin unter die Völker verbreite. Und wo die Gebräuche und Gesetze der großen Mutter aufgenommen wurden, mehrte sich der Segen der Saat und Frucht, aber auch fromme Sitte und Friede.

Auch stiftete sie die heiligen Weihen, die im Frühling und Herbst in Eleusis feierlich begangen wurden in Erinnerung an den Raub der Persephone, wenn die Felder abgeerntet, und an des göttlichen Mädchens Wiederkehr, wenn im Frühling die ersten Blumen erblühten.

An den großen Feiern zog das Volk gereinigt und entsühnt, singend und lobpreisend mit brennenden Fackeln einher, angeführt von einem fackeltragenden Jüngling, der als Dionysos-Jacchos, einem nächtlich leuchtenden Stern gleich, die Jünger der hehren Göttin zur heiligen Feier in die Bucht von Eleusis führte. Dort erlebten die Feiernden Schmerz und Freude der großen Mutter wieder; sie zogen an alle heiligen Orte: zum Stein, auf dem Demeter in tiefer Trauer gesessen; an die Stelle, wo die Erde aufgeklafft und Persephoneia geraubt worden war und dorthin, wo endlich die Jungfrau der Mutter wiedergegeben ward, und wo Triptolem die Kornfrucht, den Pflug, Sichel und Dreschflegel aus den Händen der Göttin empfangen und die milden Segnungen alle. Und Bucht und Berge hallten wider von den Chorgesängen des feiernden Volkes, und die Wellen des Meeres erglänzten vom Widerschein der Fackeln. An diesen Feiern nahm das ganze Volk teil, und jeder erlebte Stärkung und Tröstung seiner Seele für das Leben auf der Erde und nach dem Tode in der Unterwelt.

Wer aber im Innern des Tempelbezirks teilnahm an den heiligen Weihen, der mußte der Speise und des Weines sich enthalten und sich Reinigungen unterziehen, damit jeder Schmutz des Lebens und der Leidenschaft und jeder Makel der Missetat getilgt sei. Auch mußte er Schweigen geloben. Dann, wohlvorbereitet, wurde er eingeführt in die göttlichen Geheimnisse von Stufe zu Stufe.

Selig und gesegnet, wer an diesen heiligen Weihen teilnahm;
dessen Seele erhob sich in frommem Schauer, wenn er die Nähe der
allwaltenden Gottheiten verspürte. Und in seiner Seele konnte er
den göttlichen Feuerfunken aufleuchtend erleben, durch den sie
unvergänglich, unsterblich ist, und der ihm als Stern leuchtet,
wenn er die Gefilde der Unterwelt dereinst durchschreiten muß.

Wer aber nicht durch die Weihe sein Wesen vollendet, wer
nicht lebenden Leibes ihre stärkende Kraft erfuhr, wer ungeweiht
das Reich des Hades betritt, wird drunten nicht leuchten sehen
das göttliche Licht, sondern hinschwinden wie ein Schatten im
düsteren Dunkel des Moders.

Und also priesen die Menschen die große Göttin bei den eleu-
sinischen Festen, während sie ein Rauchopfer von duftendem
Weihrauch spendeten:

> «Göttliche Mutter des Alls,
> Demeter, vielgerufene Gottheit!
> Freundliche, reichtumschenkende Göttin
> Ährennährerin, Allesgeberin,
> Erfreut von den Werken des Friedens
> Und von emsiger Arbeit;
> Samenspenderin, sammelnd die Fülle,
> Göttin der Tennen, sprossend von Früchten,
> Die du wohnst in Eleusis heiligen Grotten;
> Geliebte, sehnlich Begehrte,
> Nährerin aller sterblichen Wesen,
> Du fügtest zuerst der pflügenden Ochsen Gespann,
> Sandtest den Menschen ersehntes,
> Segenspendendes Leben hernieder;
> Blütenernährerin,
> Fackelträgerin, leuchtend an Ruhm,

Von den Sicheln des Sommers erfreut;
Erdenherrin,
Allen bist du huldvoll geneigt.
Hehre Göttin der Sterblichen,
Gestaltenreiche,
Heiligprangende, Blühende!
Komm, du Selige, Ewig-reine
Mit des Sommers Früchten beladen.
Bringe, Königin, den Frieden, die liebliche Ordnung,
Reichtum, Gesundheit und Fülle des Segens.»

DIONYSOS

Persephoneia, die schöne Tochter der Demeter, ward von Zeus geliebt. Das Mädchen aber mied seine Liebe und verbarg sich mit ihren Gespielinnen, den Nymphen, in einer Höhle. Sorgend legte die Mutter zwei Schlangen als Wächter davor. Eine dunkle Ahnung drängte sie auch, der Jungfrau zu verbieten, die Höhle zu verlassen und mit den schwesterlichen Nymphen auf der blumigen Wiese zu spielen.

In dieser Höhle begann Persephoneia ein großes Gewebe, einen herrlichen Mantel für ihre Mutter. Kunstvoll wob sie das Bild der ganzen Welt hinein.

Zeus aber entdeckte den stillen Aufenthalt der Jungfrau. Er überlistete sie, indem er ihr in Schlangengestalt nahte, und vermählte sich mit ihr.

Bald danach ward Persephoneia Mutter eines Knaben, dem zwei Hörnchen aus den Locken sproßten. Sie nannte ihn Dionysos. In der Verborgenheit der Grotte wuchs der Liebling des Göttervaters heran. Er hatte ihn als künftigen Herrscher über Himmel und Erde vorbestimmt.

Nicht ertrug dies Hera, als sie es vernahm, und die Eifersucht schwoll mächtig in ihrem Herzen. Alsogleich befreite sie zwei Titanen aus dem Tartaros und schickte sie gegen Dionysos aus. Die überfielen das ahnungslos spielende Kind, zerrissen es in sieben Stücke und verzehrten sie roh.

Nur durch die Dazwischenkunft eines Gottes wurde ein Glied des Dionysos gerettet: Pallas Athene erschien, ergriff das Herz des Knaben und brachte es dem Göttervater. Zeus bewahrte es auf, und daraus gab er später einem zweiten Dionysoskind das Leben.

Gegen die Titanen aber schmetterte Zeus in flammendem Zorn Blitz um Blitz, und das Feuer verzehrte und versengte sie zu Asche.

Aus dieser Asche erwuchs ein Weinstock. Es blieb aber ein Rest übrig, und daraus sind nachmals die sterblichen Menschen geformt worden. Aus dieser zwiefachen Herkunft der Asche rührt der Kampf des Guten und des Bösen in den Menschen her. Das Gute in ihnen stammt von Dionysos, im Bösen wirkt die Kraft der erd-geborenen Riesen, welche das Gute überwältigen wollen.

Zeus wandte nun seine Liebe Semele zu, der wohlgestalteten, lieblich gelockten Tochter des Königs Kadmos aus Theben. Aus dem Herzen des Dionysos Zagreus, des Zerrissenen, braute er einen Saft und reichte ihn Semele zum Trunk.

Als sie nun in freudiger Hoffnung der Geburt eines Knaben entgegensah, trachtete Hera auch diese Geburt zu verhindern. In der Gestalt der Amme nahte sie sich der Königstochter und senkte Mißtrauen in ihr Herz, indem Hera sie glauben machte, der Fremdling, der sich ihr liebend nahe, sei nicht Zeus, wie er vor-gab, sondern ein Betrüger. Um sich zu überzeugen, solle sie ihn auf die Probe stellen und von ihm erbitten, daß er ihr nahe wie Hera, in göttlicher Herrlichkeit und Würde, mit Blitz und Don-ner. Zeus schwur Semele und gewährte ihr die Bitte. Aber die Hallen des Herrscherhauses erbebten bis in die Grundfesten, als ihr Zeus in seiner Herrlichkeit nahte. Von der göttlichen Erschei-nung erschreckt, vom Glanz geblendet und den Flammen umloht, die den ganzen Palast erfüllten, sank Semele auf die Knie, gebar das Kind vorzeitig und starb. Das Kind ward von kühlendem Epheu bedeckt, den die Erde schnell hervorwachsen ließ, um es von den sengenden Flammen zu retten.

Zeus aber nahm die noch unreife Frucht und nähte sie in seinen Schenkel. Und als die Stunde der Reife und der Geburt gekommen war, übergab der Vater der Götter und Menschen den zweimalgeborenen Dionysosknaben dem Hermes, der ihn den hellstimmigen Nymphen von Nysa in Thrakien zur Pflege und Obhut brachte. Dort, im quellenreichen Waldgebirge, wuchs Dionysos in kühler Grotte verborgen heran. Die zarten Nymphen badeten ihn neckend und scherzend, sie nährten ihn, und wenn er müde war, wiegten sie ihn singend in Schlaf. Spinnend und webend warteten sie des Knaben, wenn er schlief. Als Kind schon tanzte er mit seinen lieblichen Ammen, den Freundinnen der Sterne, lustig in den Grotten und Höhlen umher, schweifte auf blumenbesäten Wiesengründen, rauschenden Wassern entlang und verfolgte sie scherzend durch dunkle Eichenwälder.

Als der Knabe den Ammen entwachsen war, ward ihm der weise Silen würdiger Hüter und Heger und zog ihn in der stillumbuschten Einsamkeit des rauschenden Flußtales auf.

Silenos war der älteste und weiseste aus dem Geschlechte der Satyrn, der Wald- und Bergdämonen, ein Liebhaber alles quellenden, fließenden, nährenden und befruchtenden Wassers. Alte Weisheit über Welt und Götter treu bewahrend, in die Zukunft schauend, wortkarg und ernst, heiter und schalkhaft zugleich, doch ungestalteten Leibes: dickbäuchig, aufgedunsen wie ein Weinschlauch, am ganzen Leibe zottig behaart, doch glatzköpfig, verunstaltet durch lange Ohren und aufgestülpte Stumpfnase, verbarg er seine väterlich-gütige, weise, duldsam bescheidene Art.

Silen vermittelte dem jungen Dionysos uralte Weisheit der Welt und ließ ihn in die Zukunft schauen. Er unterrichtete ihn in allerlei Künsten und leitete ihn an im Anbau der Reben und im Keltern des Weines. Auch lehrte er ihn die Veredlung der Fruchtbäume und zeigte ihm die Kunst der Bienenzucht.

Nachdem Dionysos dies alles aufgenommen, entließ ihn Silen, und der Jüngling zog aus der Stille und Einsamkeit sieghaft und erobernd in die Welt.

Aber Dionysos hatte seinen väterlichen Lehrer so lieb gewonnen, daß er ihn nimmer missen wollte, und so begleitete ihn fortan der alte Silen, auf einem Esel reitend, auf seinen Zügen.

Ehe der junge Gott seinen Zug begann, preßte er aus den sonnenreifen Beeren des Weinstockes, der aus der Asche erwachsen war, den purpurroten Saft in eine Schale, kostete ihn und ward vom Nektar, den die Erde reichte, in rauschende Begeisterung versetzt. Er ließ die dunkelblickenden Nymphen vom Purpursafte kosten und auch Silen und seine Brüder, die Berg- und Walddämonen, und alle wurden vom Rausch erhoben. Jubelnd und laut lärmend schwärmte Dionysos umher in den bewaldeten Schluchten und Tälern, mit Epheu und Lorbeer bekränzt. Und es folgten ihm die Nymphen, Blumenkränze im Haar, singend und tanzend. Er aber eilte allen voran, und schallendes Toben erfüllte den Wald. Denn es gesellte sich zu ihm die lärmende Schar der Satyrn, muntere Gesellen, bocksgesichtig, stumpfnasig, gehörnt, borstig behaart, mit Pferdeschweif und Hufen; durchtrieben, neckisch und lüstern; unermüdliche Hüpfer und Springer, Tänzer und Jäger in ausgelassener Freiheit und Lust; Liebhaber des Weins und der Nymphen, flötend, mit Epheu und Weinreben üppig bekränzt. So, in rauschendem Zug, begleitet von Nymphen, Satyrn und dickbäuchigen Silenen, von Kentauren, Panthern und Löwen, die er alle gebändigt im Zügel hielt, begann Dionysos voll süßer Lust und Trunkenheit und doch von unwiderstehlicher Kraft seinen Siegeszug als Bacchos durch die Welt. Von Thrakien zog er nach

Hellas, über die Inseln nach Phrygien, Syrien bis nach Indien und wieder zurück über Äthiopien und Libyen in die thrakische Heimat.

Zuerst trat er unter die Bauern und Hirten Attikas. Der Bauer Ikaria, der in den fruchtbaren Ebenen Marathons wohnte, nahm ihn gastfreundlich auf. Dafür erhielt er von Dionysos einen Weinstock, und er lehrte ihn den Anbau der Reben und das Pressen und Keltern des Weines. Und fortan gediehen die Reben üppig in dieser Gegend, aber auch an den Sonnenhängen des Kithairongebirges. Ikaria zog bald danach mit einem gefüllten Weinschlauch durch das Land und ließ die Bauern und Hirten den Rebensaft kosten. Trunken geworden, glaubten sie erst, sie seien vergiftet und erschlugen Ikaria. Aber seiner ward fortan als erstem Winzer immer gedacht im Jubel und fröhlichen Tanz der Kelterfeste.

Wo Dionysos hinkam, verbreitete er den Weinstock und zeigte den Menschen, wie man die Fruchtbäume veredelt und die Bienen züchtet. Seine göttliche Kraft wirkte sprossend, nährend, mehrend und fruchtend in den Pflanzen. Alles Wilde, Ungeheure in der Natur demütigte sich vor ihm; es ward von ihm besänftigt und gebändigt. Die Menschen erzog er zu milderen Sitten und stimmte sie zu brüderlicher Liebe. Er wurde verehrt als Löser aller Fesseln und Sorgen, als Retter aus körperlicher und geistiger Not. Als Gott, der durch die Seele des Menschen sich offenbart, wirkte er beseelend. Wer ihn aufnahm, erlebte eine Befreiung und Stärkung seines Gemütes. Erfreuend, berauschend, über alles Schwere erhebend und Begeisterung weckend für alles Göttliche, Erhabene und Schöne, erhob und bewegte er den Geist der Menschen, die sich ihm hingaben.

Von Hellas zog Dionysos nach Naxos, der meerumschäumten Insel. In der Blüte der Jünglingsjahre, dunkelumlockten Hauptes, mit purpurnem Mantel umhüllt, stand er staunend am Strand des wogenden Meeres auf ragender Klippe. Da nahte sich ein dunkles Schiff tyrrhenischer Seeräuber. Sie erblickten den Jüngling, winkten einander und legten am schwärzlichen Land an. Reiches Lösegeld für den schönen Jüngling erhoffend, den sie für einen Königssohn hielten, nahten sie ihm, packten den Träumer und schleppten ihn auf das Schiff. Als sie ihn an den Mastbaum binden wollten, wehrte ihnen der Steuermann. Vom dunklen Blick des Jünglings getroffen, wollte er dem Flehen des Gefangenen widerfahren und ihn zurückbringen an Land. «Nicht wißt ihr, wen ihr fesselt! Am Ende ist es eine mächtige Gottheit, an der ihr euch vergreift», rief er. Aber die Gesellen hohnlachten ihm, und überstimmt mußte er es geschehen lassen.

Doch siehe – das Schiff blieb stehen, wie fest sie auch ruderten, die Weidenbinden, mit denen sie den Jüngling gebunden, lösten sich und verwandelten sich in Epheu, am Mast wuchs ein großer Weinstock empor, vollbehangen mit Reben, auf dem Schiff rieselte köstlich duftender Wein, und auf allen Ruderbänken breiteten sich Epheu und Reben aus. Der Gefangene selbst, die Stirne mit vollem Rebenkranz umschlungen, stand frei und aufrecht am Mast und schwang den Thyrsosstab, von Epheu und Weinlaub umrankt, und um ihn lagerten drohend und sprungbereit Tiger und Luchse und gefleckte Panther. Angsterfüllt drängten sich die Schiffsleute zum Steuermann, flüchteten vor Schreck ins Wasser und verwandelten sich alsobald in Delphine. Und fortan begleiteten sie Dionysos singend, wenn er das purpurfarbene Meer durchfuhr. Dem zitternden Steuermann Akoetes aber gab sich Dionysos zu erkennen. Darauf führte er ihn allein nach Naxos; er wurde dort der erste Priester des jungen Gottes.

Auf der blütenduftenden, fruchtreichen Insel Naxos lag Ariadne, die schöngelockte reine Tochter des Königs Minos von Kreta, noch von tiefem Schlaf umfangen, als Dionysos in der rosigen

Morgenfrühe auf der Insel landete. Der starke Held Theseus hatte die Schöne hierhergebracht, nachdem er den Minotaurus im Labyrinth auf Kreta besiegt und durch ihre Hilfe den Ausgang aus den Irrgängen gefunden hatte. Liebend war sie ihm gefolgt, als er nach Athen zurückfuhr. Noch ahnte sie nicht, daß Theseus, einem Gebot des Dionysos folgend, sie heimlich verlassen hatte. Denn Dionysos war Theseus im Traum erschienen und hatte ihm gesagt, daß er Ariadne freigeben müsse, da nach dem Willen der Götter Ariadne mit Dionysos verbunden werden solle. Als Ariadne aus dem Schlaf erwachte, fand sie sich verlassen. Weinend und angstvoll sah sie sich auf der Insel um. Da nahte ihr Dionysos liebevoll und erklärte ihr den Willen der Götter. Als er sich mit ihr vermählte, feierten alle Himmlischen das Hochzeitsfest auf Naxos mit.

Auf seinem Triumphzug durch die Welt stieg Dionysos auch in die Unterwelt hinab und befreite Semele und brachte sie in die Welt des Lichtes. Ja, er erhob sich mit ihr und Ariadne in den Olympos, und von allen Himmlischen erwartet, geehrt und geliebt, lebte er unter den Göttern.

Die Menschen aber erlebten und verehrten die wirkende Kraft des geheimnisvollen Gottes in heiligen Feiern, den Mysterien, die sie zu bestimmten Zeiten des Jahres begingen.

Im Winter, zur Zeit der längsten Nächte, gedachte man vor allem des gequälten, zerrissenen Dionysos. Priester brachten an seinem Grab im Tempel des Apollo zu Delphi geheime Opfer dar.

In dieser Zeit auch zogen die Frauen von Delphi und von Attika alle drei Jahre auf den schneebedeckten Parnassos, aber auch auf andere Berge und feierten in nächtlichen Chören den leidenden Gott.

Die Frauen und Mädchen, vom Gotte begeistert, tanzten,

efeubekränzte Thyrsosstäbe und brennende Fackeln schwingend, Schlangen in den offenen Haaren und Schlangen in den Händen windend zum Klang der dumpfschallenden Handpauken, der gellenden Zimbeln und der Flöten, als heiligrasende Mainaden durch die verschneiten Wälder und Berge, lautjubelnd den vielnamigen verfolgten und gequälten Gott anrufend und Hymnen singend.

Tiere des Waldes, ein Hirschkalb, ein Bock oder ein junger Stier wurde gejagt, mit Äxten erschlagen, zerrissen und roh gegessen, in Erinnerung an das Leiden und den Tod des Dionysos Zagreus.

In dieser dunklen Winterszeit, in der die ganze Natur wie starr und erstorben dalag, war Dionysos verschwunden. Hatte er sich aufs Meer gerettet oder in die Grotte zu den Nymphen? – man fand ihn nicht, bis Zeus ihn wiedererweckte zu neuem Leben. Dann offenbarte er sich als Liknites, als das wiedergeborene Kind, und seine Rückkehr als Gott der Jugend, der Lust und Hoffnung, der ewigschaffenden quellenden Natur, des Lichtes, des Frühlings, wurde von den Menschen mit heiteren Gesängen und Blumen jubelnd begrüßt.

Das Frühlingsfest des kommenden und das größere des in voller Lust und Herrlichkeit eintretenden Lenzes wurde von Männern und Frauen, Freien und Sklaven ohne Unterschied gleichermaßen gefeiert; ja selbst die Gefangenen durften daran teilnehmen; denn Dionysos vereinte alle Menschen brüderlich.

Der neue Wein wurde genossen unter Tanz und ausgelassenem Spiel; man setzte sich zu öffentlichem Schmaus, bekränzt mit Blumen des Frühlings. Auch die Kinder bekränzten sich in Erinnerung an das Demeterkind, das zu dieser Zeit aus der Unterwelt emporstieg. Duftende Veilchensträuße und Rosen warf man auf die Erde. Ein großer dionysischer Festzug in Masken, den

Gott und sein Gefolge darstellend, zog zum Gesang der Dithy-
ramben, welche Dichter in edlem Wettstreit Jahr für Jahr dich-
teten, zum Heiligtum des Gottes. Dort wurden geheime Zeichen,
die im Zuge feierlich verborgen mitgetragen worden waren, nie-
dergelegt, und alle Blumen und Kränze weihte man dem Gott der
Frühlingslust.

Zum Abschluß dieser Feste opferte man den unterirdischen
Göttern, den Geistern der Gestorbenen und den in der großen
Flut Umgekommenen. Denn, wie in seinem Leben Jubel und
Schmerz, Lust und Klage, Leben und Tod sich mischen, so ist Dio-
nysos der Lebenslust der Natur und des Menschen gleichermaßen
verbunden wie den unterirdischen Göttern und dem Reich des
Todes.

ORPHEUS

In den Gebirgen Thrakiens lebte einst der Sänger Orpheus. Singend durchzog er die Wälder, und wo er hinkam, wurde alles bezaubert von der Macht seines Gesanges.

Gern und oft stieg er auf die hohen Berge, wenn Eos, die Morgenröte, dem strahlenden Helios voranschwebte, der nächtlichen Dunkelheit Ende verkündend. Erschien dann Helios selber auf dem donnernden Sonnenwagen, ward Orpheus' Herz erfüllt von dem Strahlenglanz, und es begann zu singen und klingen und ertönte als Lied, sterblichen Ohren vernehmbar.

Orpheus war der Sohn der Muse Kalliope, die als Schutzgöttin Thrakiens in dunklen Wäldern an den kristallklar sprudelnden Quellen lebte. Im Murmeln der Gewässer, im Geflüster des Schilfes und im Raunen der Bäume offenbarte sich den staunenden Sterblichen ihre Gegenwart. Die Mutter begabte ihren Sohn mit der Zauberkraft des Gesanges, und Apollo schenkte seinem Schützling eine goldene Leier und unterrichtete ihn in der göttlichen Weisheit. Er kündete ihm die Folge des Göttergeschlechtes bis in die Tage des Uranos und der Gaia, beschrieb ihm der Welt, des Götterwerkes Anfang und Werden, er erzählte ihm Wechsel und Schicksal der Menschengeschlechter und aus Orpheus' Seele erklang diese Weisheit als Gesang. Was durch seine Stimme ertönte, hatte solch eine bewegende Kraft, daß die Menschen, von Heimweh und Sehnsucht ergriffen, weinten, daß die wilden Tiere, Löwe neben Hase, Lamm neben Wolf ihm folgten. Wenn er singend und spielend durch die Wälder zog, rissen selbst die Bäume sich aus der nährenden Mutter Erde, die Blumen neigten sich, und Steine und Felsen verloren ihre lastende Schwere und rollten zu Tal.

Also zog Orpheus von Ort zu Ort als Weisheitskünder Apollos.

Orpheus war durch der Ehe heiliges Band liebend verbunden mit Eurydike, einer Nymphe des Flusses Peneios. Sie wurde ihm aber in ihrer blühenden Jugend entrissen.

Als der ungestüme Jäger Aristaios, ein Sohn des Apollo, durch die Wälder Thrakiens streifte, gewahrte er die Schöne, wie sie mit ihren Freundinnen auf blumiger Wiese spielte. Er überraschte die Ahnungslose, faßte sie mit starker Hand und begehrte sie zum Weibe. Sie entwand sich seinen Armen, und er verfolgte die Fliehende. Hilfe rufend eilte sie durchs hohe Gras dem bergenden Haus zu – da trat ihr zarter Fuß auf eine Natter, die, aufgeschreckt, ihr einen tötenden Biß gab. Entseelt sank ihr schöner Leib zur Erde. Das Wehklagen der Nymphen erfüllte Berg und Tal, und aus Herzeleid über der Geliebten frühes Verwelken verstummte Orpheus.

Das war aber in einer Zeit geschehen, da die Menschen in Thrakien schon gesittet in Städten wohnten, wo sie nach Ordnung und Gesetz lebten, die sie sich selber gegeben hatten durch eigener Gedanken Kraft. Damals konnten sie nicht mehr mit den Seelen der Abgeschiedenen zusammenleben wie ehedem, sondern sie erlebten in ihren Gedanken nur noch die Bilder der Erinnerung, wie die Verstorbenen im Leben gewesen waren.

So vermißte auch Orpheus die selige Gemeinschaft mit der Abgeschiedenen. Tag und Nacht trauerte er in seiner Einsamkeit. Da ermannte er sich und faßte den Entschluß, hinabzusteigen ins Totenreich, um durch die Macht seines Gesanges die Götter der Unterwelt zu bewegen, Eurydike dem Lichtreich zurückzugeben.

Orpheus, mit den heiligen Gebräuchen vertraut, begab sich an einen der Eingänge zur Unterwelt, zum meerumbrausten Vorgebirge Taenaron, ergriff einen Zweig des Weidenbaumes, welcher der Persephoneia geweiht war, hub an zu singen und entschwand, vom Zweig geleitet, ins düstere Reich der Schatten. Aus dem dunklen Eingang der hohen Felsenkluft wehte ihm ein eisiger Hauch entgegen. Unhörbar war ihm selbst sein eigener Schritt. Da stellte sich ihm ein schreckliches Untier entgegen, hundeähnlich gestaltet, mit drei Köpfen und einem Drachenschweif. Heiser bellend versperrte es den Weg. Orpheus fing an zu singen; da legte sich der Höllenhund winselnd nieder und ließ ihn weiterschreiten.

Bald darauf kam der Wanderer an den Fluß Styx, dessen schwarzes Wasser lautlos vorbeiflutete. Am Ufer wartete Charon, der Fährmann, welcher mit seinem Kahn die Seelen der Abgeschiedenen ans andere Ufer überzusetzen hatte. Streng wies er, seiner Pflicht gemäß, den Eindringling zurück. Wiederum fing Orpheus an zu singen und sein Gesang hatte solche Gewalt, daß der Fährmann ihm winkte und ihn schweigend über den Fluß setzte.

Drüben konnte er zahllose Seelen schauen, die drängten sich zu ihm hin; denn seine Lieder waren den darbenden Schatten Labsal.

Er gelangte endlich vor den Herrscher des Totenreiches. Düster schweigend saß er auf dem Throne, neben ihm seine Gemahlin Persephoneia. Nun nahm Orpheus seine ganze Kraft zusammen und klagte sein Leid. Er bat so ergreifend, daß selbst die Seelen der Abgeschiedenen schluchzten und die furchtbaren Eumeniden weinten. Persephoneia, die sich wehmütig ihres einstigen Lebens im Lichte erinnerte, winkte Eurydike und gab sie dem Liebenden zurück. Sie gebot ihm, schweigend zurückzugehen und die Augen nicht nach ihr zu wenden, bis er die Oberwelt erreicht habe. Nun begab sich der Sänger auf den Heimweg, und der Schatten

Eurydikes folgte ihm. Wie Orpheus dem Ausgang sich näherte, schien ihm, die Geliebte bleibe immer weiter zurück. Er flüsterte ihren Namen – es blieb still. Dunkle Zweifel bedrängten ihn, eine Gewalt zwang ihn zurückzuschauen: Eurydike war ganz nahe – nun aber entschwand sie mit wehmütigem Scheidegruß. Orpheus eilte ihr nach, kam an die dunklen Fluten der Styx: da hatte sie Charon schon hinübergesetzt. Sieben Tage und Nächte saß er flehend am Ufer; aber der Alte blieb unerbittlich und wies ihn ab.

So mußte denn Orpheus in die Oberwelt zurückkehren. Drei Jahre noch lebte er in den thrakischen Wäldern. Er unterwies seine Schüler, bildete Könige, daß sie in Maß und Gesetz ihre Völker lenkten, und gedachte, allen Freuden des Lebens abgewandt, in stiller Trauer seiner Geliebten.

Das aber erzürnte die thrakischen Frauen, daß er ihre Liebe verschmähte. Als sie einmal in trunkenem Taumel ihrem Gotte Dionysos folgend, mit aufgelösten Haaren, Thyrsosstäbe und Fackeln schwingend, tanzend, zimbelnd und flötend nachts durch Wälder und Gebirge schweiften, entdeckten sie Orpheus. Sie fielen in ihrer Raserei über den Sänger und Diener Apollos her und schlugen ihn mit den Stäben, bis seine Seele aus dem Leibe entwich.

Danach enthaupteten sie ihn und warfen Leier und Haupt in den nahen Fluß. Als diese auf den Fluten meerwärts getragen wurden, ertönte aus ihnen ein wundersames Singen und Klingen, welches das Tal erfüllte und auch auf dem weiten Meer lange Zeit den Fischern, immer aber den sichtbaren und unsichtbaren Bewohnern des Wassers und der Luft vernehmbar blieb.

Die unsterbliche Seele des Sängers aber eilte hinab in den Hades und lebte nun mit der Seele Eurydikes aufs neue verbunden.

TANTALUS

Tantalus, ein Sohn des Zeus, den ihm eine Sterbliche geboren, herrschte als König über das volkreiche Lydien. Was er unternahm, glückte ihm, denn er war ein Liebling der Götter, und sie beschenkten ihn mit unermeßlichem Reichtum.

In seinem Königreich erhob sich ein Berg, Sipylos genannt, der barg in seinen Felsen Adern des feinsten Goldes. Sklaven förderten es, hurtigen Ameisen gleich, an den Tag, und kunstreiche Schmiede formten es zu herrlichen Waffen und edlen Geräten.

Gleich einem goldenen Meer wallte das Korn auf den Feldern, und die Fruchtbäume, die Reben beugten sich unter der köstlichen Last ihrer Zweige. Kaum unterbrach der milde Winter das Blühen und Fruchten.

Auf den saftigen Weidegründen sprengten flinke, schönglänzende Rosse umher, großgehörnte, schwere Kühe grasten und spendeten Milch im Überfluß. Auf grünen Hügeln weideten fette Schafe ohne Zahl.

Wie keinen Sterblichen sonst achteten ihn die Götter gleich einem der ihren und luden ihn an ihre Tische, wo er Nektar und Ambrosia genoß. Aber auch auf seiner hochragenden Burg schritten die Unsterblichen ein und aus und waren seine Gäste.

Tantalus aber, von Glück und Reichtum geblendet, vergaß, daß er ein Sterblicher war. Er vermaß sich und begann zu freveln wider die Himmlischen.

Zuerst verriet er die göttlichen Ratschlüsse, die er im Umgang mit den Göttern vernommen hatte, an seine vertrauten Freunde, dann warnte er die Menschen und begann kraft seines Wissens ihr Schicksal zu lenken.

Bald auch stahl er Nektar und Ambrosia von den Tischen der Götter, brachte die himmlische Speise, die den Göttern die Unsterblichkeit erhielt, auf die Erde und verteilte sie unter seine Tischgenossen.

Als einst der goldene Hund, der den aufwachsenden Zeus bewacht hatte, aus dem Heiligtum von Kreta gestohlen worden war, brachte der Dieb das Tier zu Tantalus, daß er es heimlich zur Bewahrung übernehme. Nun nahte ihm, von den Göttern gesandt, Hermes und bat, den Hund herauszugeben. Tantalus erkühnte sich, den Göttern zu trutzen, beteuerte, nichts von dem vermißten Hund zu wissen, und bekräftigte dies durch heilige Eide.

Da ihn die Götter langmütig gewähren ließen, begann er an ihrer Allwissenheit und Allmacht zu zweifeln, so verblendet war er, und wollte sie auf die Probe stellen.

Als sich die Götter wieder einmal in seiner Burg zum Mahle versammelten, ließ er seinen eigenen Sohn Pelops schlachten und als Speise bereiten und setzte ihnen das Gericht in goldenen Schalen vor.

Die Götter aber durchschauten den Trug und wiesen schweigend die vorgesetzte Speise zurück; nur Demeter, seit dem Raub ihrer Tochter Persephoneia in schwermütigen Gedanken versunken, aß, ohne den Frevel zu ahnen, ein Stück von der Schulter des Knaben. Sie warfen die Stücke in den Kessel zurück, und Hermes fügte sie kunstreich zusammen und belebte durch den Willen der Himmlischen den Knaben, so daß er schöner und herrlicher wieder erstand. Das Schulterstück, welches die Göttin der Erde genossen, hatte er durch ein elfenbeinernes ergänzt, und seither zeichneten sich Pelops und seine Nachkommen aus durch eine hellschimmernde Schulter.

Nun aber entzogen die Himmlischen Tantalus ihre Huld. Wie der Blitz, vom Donner umdröhnt und vom Sturmwind umbraust darnieder fährt und die stärksten Bäume fällt, daß sie krachend stürzen, so traf ihn furchtbar der Zorn der Götter.

Zeus verfluchte den Frevler und verdammte seine Seele in die Tiefen des Tartaros zu ewiger Qual.

Dort, im Reich der Schatten, stand Tantalus inmitten eines Sees, dessen klares Wasser bis zum Kinn ihm reichte. An den Ufern standen herrliche Fruchtbäume, vollbehangen mit Äpfeln und Birnen, Granaten und Feigen, die neigten ihre Äste über ihn. Aber inmitten der Fülle und des Überflusses mußte er darben.

Wenn er, von brennendem Durst gepeinigt, sich nach dem Wasser bückte, um aus der hohlen Hand zu trinken oder auch nur seine Lippen zu netzen, wich das Wasser zurück und rann in den Schoß der Erde, und der schwarze Grund des Sees gähnte ihm entgegen. Richtete er sich enttäuscht wieder auf, so quoll und rieselte das Wasser aus allen Ritzen und Höhlungen hervor und flutete bis an sein Kinn – endelos.

Wollte Tantalus nach den saftigen Früchten über seinem Haupte greifen, blies ein Windstoß in die Zweige und hob sie in die Luft empor, so daß er sie nie erreichen konnte.

In seinem Rücken steilte eine Felswand empor, darauf wankte ein mächtiger Felsblock. In jedem Augenblick wähnte er, daß er auf ihn hinunterstürze. Und so zitterte seine von Hunger und Durst gepeinigte Seele in ständiger Furcht.

Also traf der Fluch der Götter den, den sie über alles menschliche Maß hinaus erhoben hatten, der ihre Huld und ihren vertrauten Umgang nicht ertragen konnte und sie mißbrauchte.

Schwer auch lastete Tantalus' Frevel auf seinen Kindern und erbte sich fort von Geschlecht zu Geschlecht.

PERSEUS

Akrisios, aus dem alten Geschlecht der Danaiden, regierte über Argos. Er hatte eine schöne Tochter; aber zu seiner Betrübnis ward ihm von den Göttern kein Sohn geschenkt. Einst befragte er das Orakel in Delphi, ob ihm durch seine Tochter Danae ein Enkel geboren werde. Durch den Mund der Priesterin antworteten die Götter: «Dein Enkel wird dich töten.» Heimgekommen, ließ er von Knechten in seinem Burghof ein Kuppelgrab ausheben, mit ehernen Platten bedecken und durch einen unterirdischen Gang mit der Burg verbinden. Dann führte er seine Tochter hinein und ließ ihr nur die Amme zur Betreuung. So dachte er die Erfüllung des Götterspruches zu verhindern.

Zeus aber, auf dem wolkenverhüllten Olymp thronend, sah die Jungfrau und entbrannte in Liebe zu ihr. In Gestalt flüssigen Goldes träufelte er durch die Ritzen der Wölbung in das Gemach und verkündete Danae, sie werde Mutter eines Sohnes, der zu großer Heldentat vorbestimmt sei.

Das Knäblein, welches unter der Erde geboren ward, zog sie mit Hilfe der Amme heimlich auf. Als es drei Jahre alt geworden war, erhielt es von Zeus einen goldenen Ball. Es spielte damit und jauchzte auf, wenn er lustige Sprünge machte. Einmal schritt Akrisios über den Burghof, vernahm das Jauchzen einer Kinderstimme und ward schreckensbleich. Schnell ließ er das Gewölbe öffnen und erblickte das Kind; es flüchtete und barg seinen goldstrahlenden Lockenkopf im Schoß der Mutter. Der Zorn flammte in Akrisios auf; er zückte sein Schwert und stieß die Amme nieder.

Danae schleppte er in den Tempel. Dort, am Altar kniend, beteuerte sie und schwur, daß Zeus der Vater des Knaben sei. Nicht vermochte das den Sinn des Zornigen zu besänftigen; er befahl, einen Kasten zu zimmern, sperrte Danae und ihr Kind hinein, ließ ihn an den Strand tragen und aufs Meer aussetzen, Wind und Wellen zum Spiel.

Aber Zeus hielt seine schützende Hand über Mutter und Sohn. Einige Zeit trieb der Kasten auf dem Wasser; dann wurde er auf der Insel Seriphos an Land gespült. Da fand ihn ein Fischer, der frühmorgens seinem Gewerbe nachging. Er näherte sich dem Kasten und vernahm daraus wimmernde Stimmen. Schnell öffnete er ihn und befreite die Frau und das Knäblein, führte die Ermatteten in seine Hütte und bewirtete sie gastfreundlich. Das aber hatten Späher dem König der Insel gemeldet, welcher des Fischers Bruder war. Der König hieß die beiden in seinen Palast kommen, und weil Danae so schön war, begehrte er sie zur Frau. Sie wies ihn mit einer Gebärde ab. «Wenn du zu stolz bist, so sollst du mir als Magd dienen», rief er zornig. Und also kam es: Danae mußte, von ihrem Söhnlein getrennt, niedrige Magddienste verrichten. Perseus aber wurde mit anderen Knaben am Königshof erzogen. Als er erwachsen war, bekümmerte ihn, daß er nicht wußte, wo seine Mutter hingekommen war. Da fügte es sich, daß er im Hofe einer dienenden Frau begegnete. Es war Danae. Sie erkannte den schöngewachsenen Jüngling, gab sich ihm unter Tränen zu erkennen und erzählte ihm sein Schicksal.

Perseus' Sinnen richtete sich nur noch darauf, wie er seine Mutter aus der Knechtschaft befreien könne. Einmal gab der König ein prächtiges Hoffest, und die Jünglinge brachten ihm Ehrengeschenke dar, Waffen, Wagen oder schöne Pferde. Der König, mißtrauisch geworden, sprach zu Perseus: «Von dir fordere ich das Haupt der Medusa!» Alles verstummte vor Schreck, als der

König dies ausgesprochen. Medusa und ihre unsterblichen Schwestern, die Gorgonen, waren uralte Ungeheuer, noch von keinem atmenden Wesen gesehen, die jenseits des gewaltigen, erdumspülenden Okeanosstromes in einer Höhle hausten. Meistens schliefen sie; doch wenn sie erwachten, erscholl ihr Gebrüll wie Donnergrollen über die ganze Erde hin.

Vor Zeiten waren die Gorgonen von außerordentlicher Schönheit gewesen, doch wurden sie wegen ihres Stolzes und ihrer prahlerischen Eitelkeit von den Göttern zu Urbildern der Häßlichkeit verwandelt.

Medusa allein war sterblich. Sie hatte gewaltige goldene Flügel und Fänge mit Eisenkrallen. Schwarz wie die Nacht war ihre Hautfarbe. Ihr rundes, plattgedrücktes Gesicht, aus dem, einem Eber gleich, zwei Hauer hervorragten, schien immer von Wut erfüllt und verzerrt. Schlangen wanden sich über der niederen Stirn.

Wer dieser Häßlichkeit ins Antlitz sah, dem ging der Atem aus, und er erstarrte zu Stein.

Medusa aber konnte sich auch verwandeln. Dann erschien sie als Stute und weidete friedlich auf den grünen Weidegründen vor der Höhle, nur Poseidon, den Meerbeherrscher und Erderschütterer, in ihrer Nähe duldend.

Das Haupt dieser Medusa zu holen, forderte der König den Jüngling auf; denn er fürchtete sich vor ihm und hegte die Hoffnung, er werde nimmer zurückkehren. – Gedankenschwer machte sich Perseus auf den Weg. Da gesellten sich Pallas Athene und Hermes zu ihm. Sie führten ihren Schützling zu den Grajen, den drei grauen Schwestern. Diese allein wußten den Weg zu den Gorgonen, der selbst den Göttern unbekannt war. Die grauen Schwestern waren uralte Weiber, welche schon mit weißen Haaren auf die Welt gekommen waren. Sie lebten zusammen in einer dämmerigen Höhle, und das Licht der Sonne wie den milden Schein des Mondes scheuend, kauerten sie, in krokusfarbige Gewänder gehüllt, im Hintergrund der Höhle, neugierig, vielwissend und geschwätzig. Sie hatten nur ein Auge und einen Zahn, die sie wechselweise sich ausliehen. «Gib mir dein Auge, Schwester», krächzte eine, sobald Perseus sich der Höhle nahte. Als die eine es der anderen reichte, trat Perseus schnell dazwischen und ergriff das Auge. Die Schwestern keiften und baten schließlich den Eindringling mit weinerlichen Stimmen, ihnen das Auge zurückzugeben. Perseus sprach: «Ich gebe es euch zurück, wenn ihr mir den Weg zu den Gorgonen zeigt.» Da tuschelten sie zusammen und die Älteste sprach näselnd: «Du mußt erst zu den Meerjungfrauen gehen; die werden dir Flügelschuhe schenken, welche dich zu den Dreien hintragen.» Darauf gab Perseus das Auge zurück und verließ die düstere Höhle.

Schnell waren Perseus und die Götter im Reich der meergrünen, schilfgeschmückten Jungfrauen, die auf den schaumgekrönten Wellen spielten. Sie brachten auf die Bitte der Götter drei Dinge: Flügelschuhe, die ihn trugen, wohin er wollte, einen Helm, welcher den Träger unsichtbar machte, und eine Tasche. Von Hermes erhielt er ein Sichelschwert, und Pallas Athene lieh ihm ihren spiegelglänzenden Erzschild.

Also begabt erhob sich Perseus in die Lüfte und flog mit Windeseile ins nächtliche Reich der Gorgonen, jenseits des Weltmeeres. Ruhig schliefen sie in ihrer Höhle und ahnten den Eindringling nicht. Nun schaute Perseus in den spiegelnden Schild, den die Linke hielt, und schritt rückwärts in die Höhle. Die Rechte umfaßte den Griff des Sichelschwertes. Behutsam nahte er den Schlafenden. Er erkannte Medusa und erbebte selbst vor dem Anblick ihres Spiegelbildes. Doch ermannte er sich und mit raschem, sicherem Hieb enthauptete er die Schlafende; die Schlangen krümmten und wanden sich zischend, dann waren sie still. Rückwärts greifend, packte er das Haupt, steckte es in die Tasche – die öffnete sich von selber und umschloß das tötende Haupt. Aus dem Blutstrom der Medusa entsprang ein beflügeltes Pferd, Pegasus genannt, auf dem sich fortan Apoll zum Olymp emporschwang, und ein Riese, Chrysaor mit dem goldenen Schwert. Rasch eilte Perseus zur Höhle hinaus. Nun erwachten die Schwestern und fanden Medusa enthauptet. Sie brüllten, daß die Erde erzitterte, sprangen, den Mörder suchend, hinaus – aber sie fanden ihn nicht; der Tarnhelm schützte den fliehenden Helden.

Das Reich der Finsternis und des Schreckens hinter sich lassend, schwebte Perseus, einem leuchtenden Gestirn gleich, leicht am Himmel dahin. In der Nacht nur oder bei Sturm ließ er sich auf die Erde nieder.

Als er über die libysche Wüste flog, tropfte Blut aus der Tasche in den Sand. Daraus entstand giftiges Gezücht, Schlangen und Skorpione, die seither in dieser Gegend wimmeln.

In seinem Flug streifte er auch Äthiopien. In diesem Land lebte König Kepheus mit seiner schönen Tochter Andromeda. Seine Gemahlin Kassiopeia hatte vermessen geprahlt, Andromeda sei schöner als die schönste Tochter des Meergreises Nereus. Das hatte diesen erzürnt; er bewegte das Meer, daß die Wellen die Küste des Königreiches überspülten, und schickte ein schreckliches Drachentier, das, aus den Fluten auftauchend, Mensch und Vieh verschlang. Also strafte er den Frevel. Der König, von des Landes und des Volkes Not bedrängt, holte Rat bei einem weitentfernten Orakel und erhielt den Spruch: «Wenn die Tochter des Königs dem Meerdrachen geopfert wird, sind die Götter versöhnt.» Nun mußte Kepheus, vom Volk gezwungen, sein geliebtes Kind hinausführen lassen an den Strand, wo es an einen Felsen gefesselt wurde.

Als Perseus über diesem Land schwebte, erblickte er die Jungfrau, hilflos, ausgesetzt am meerumtobten Vorgebirge, ließ sich zu ihr nieder und fragte sie nach ihrem Geschick. Noch hatte sie nicht zu Ende erzählt, tauchte das Ungeheuer aus den Fluten auf. Perseus erhob sich in die Luft, folgte dem Drachen und stürzte sich pfeilschnell von oben auf ihn und stieß ihm das Sichelschwert in den Leib, so daß der Drache tödlich getroffen in den Fluten versank. Danach löste er Andromedas' Fesseln und begleitete sie in die Stadt. Jubelnd wurden die beiden vom Volk begrüßt und zum Königspalast geleitet. Der König, von Freude und Dank erfüllt, gab seine Tochter dem Retter zur Gemahlin.

Ein volles Jahr weilte Perseus in Äthiopien, dann zog es ihn zu der Mutter. Andromeda begleitete ihn auf seiner Fahrt nach der Insel Seriphos. Kummervoll harrte seine Mutter auf die Rückkehr des Sohnes. Als er Zeus ein Dankopfer spenden wollte, fand er sie im Tempel. Sie war vor den frechen Gewalttätigkeiten des Königs in den heiligen Bezirk geflohen, wo sie vor ihm geborgen war. Vor Freude weinend umarmte sie Sohn und Tochter. Perseus eilte sogleich an den Königshof. Schon aus weiter Ferne vernahm er festliche Klänge; der König saß beim Mahle. Als Perseus in den Saal trat, verstummte die Musik; erschrocken sahen alle nach dem Zurückgekehrten. Er rief: «Ich habe erfüllt, was der König verlangte», wandte seinen Kopf und zog das grause Haupt der Medusa aus der Tasche hervor. Schreie des Entsetzens hörte er, dann war alles stumm; die Tasche nahm das Haupt wieder auf. Als Perseus sich umsah, war außer ihm alles Lebendige zu Stein erstarrt.

Sinnend verließ er die Steinwüste, vollzog die Totenopfer und spendete den Göttern Dankopfer für die geglückte Fahrt. Helm, Flügelschuhe und Tasche übergab er Hermes, welcher sie den Meerjungfrauen zurückbrachte. Das Haupt der Medusa aber

schenkte er Pallas Athene. Sie trug es fortan im männermorden-
den Kampf als Brustwehr. Den Fischer, der sie einst aus dem
Kasten gerettet hatte, setzte er als König ein über das Inselvolk.
Danach wandte er sich mit Mutter und Gattin der Heimat zu.

Die Kunde seiner Rückkehr eilte ihm voraus. Ein Schauer erfaßte den alten König Akrisios. Er wollte dem Verhängnis entfliehen und begab sich zu einem benachbarten Herrscher. Von der
Nacht überrascht, fand Perseus mit den Seinen bei demselben König gastliche Aufnahme. Der Held wurde am folgenden Tag ein-
geladen, an den friedlichen Wettkämpfen teilzunehmen, zu welchen der König die edelsten Jünglinge versammelt hatte. Perseus
lehrte sie ein neu erfundenes Wettspiel mit dem flachen Diskos,
welcher der Sonnenscheibe nachgebildet war.

Als die Reihe an ihm war, ergriff er die Scheibe und warf sie
mit kräftigem Schwung. Leicht sauste sie durch die Luft, über alle
vorherigen Ziele hinaus unter die entsetzt weichenden Zuschauer.
Die Scheibe traf, zu Boden fallend, einen Alten und verwundete
ihn schwer. Es war Akrisios. Perseus eilte hin, um zu helfen. Der
Alte fühlte sein Ende nahen und gab sich seinem Enkel zu erkennen. Von Schmerzen gepeinigt, erzählte er Perseus und den Umstehenden, wie er dem Willen der Götter hatte trutzen wollen und
wie sich sein Schicksal nun erfülle. Ein ahnungsvoller Schauer vor
dem Willen der Unsichtbaren, Allwaltenden ergriff die Menschen,
als Akrisios verschied.

Perseus beweinte den Toten und begrub ihn nach der Sitte des
Landes. Dann zog er mit den Seinen nach Argos. Nicht wollte er
auf der Burg des Großvaters leben, den er wider Willen getötet
hatte. Er suchte, in waldiger Gegend umherstreifend, einen Ort,
um eine neue Burg zu bauen. Vom Durst gequält, riß er einen Pilz
aus, um sich zu laben – da sprudelte ein frischer Quell hervor. Er
trank vom köstlichen Wasser und beschloß, hier seinen Herd zu

errichten. Mit zwei mächtigen, in Stein gehauenen Löwen ließ er den Eingang der felsenkrönenden Feste zieren, die er, des Pilzes gedenkend, Mykenä nannte. In dieser Burg regierte Perseus als König über Argos bis zu seinem Tode.

Die Heldentaten, die er noch vollbrachte, sind nicht besungen worden; unbekannt blieben sie den folgenden Geschlechtern, denn die Götter ließen nicht zu, daß sein Ruhm noch erhöht werde.

JASON UND DIE ARGONAUTENFAHRT

Nephele, die Wolkengöttin, hatte ihrem Gemahl Athamas, dem König von Orchomenos, zwei Kinder geschenkt: Phrixos und Helle. Als aber Athamas sich noch mit einer sterblichen Frau verband, verließ ihn Nephele zürnend und stieg wieder zum Himmel empor. Die Stiefmutter war böse zu Phrixos und Helle und sann nach, wie sie die Kinder aus dem Wege schaffen könnte.

Einst röstete sie die Getreidekörner, ehe sie sie den Frauen des Landes zur Aussaat übergab. Da die Felder öde und leer blieben, sandte der König einen Boten nach Delphi, um den Grund der Unfruchtbarkeit zu erfahren. Die Königin bestach heimlich den Boten, so daß er falsche Botschaft brachte und verkündete, die Felder würden wieder Frucht tragen, wenn Phrixos und Helle dem Zeus geopfert würden.

Als nun die Opferung vollzogen werden sollte, erschien Nephele mit einem goldschimmernden Widder am Altar. Sie setzte die Kinder auf seinen Rücken, der göttliche Widder erhob sich und trug die Kinder durch die Lüfte weg.

Als sie über eine Meerenge flogen, schaute Helle in die Tiefe; ihr schwindelte, sie stürzte und versank in den Fluten. Seither hat diese Stelle den Namen Hellespont.

Phrixos aber wurde vom Widder ins Kolcherland getragen, wo ihn König Aietes gastfreundlich aufnahm. Nun verlangte der Widder, daß Phrixos ihn opfere, und er brachte ihn schweren Herzens Zeus, dem Beschirmer der Flüchtenden, dar. Das Goldene Vlies des Widders aber schenkte er Aietes.

Über Athamas und seinem Geschlecht lastete Unsegen, seit Nephele und ihre Kinder ihn verlassen hatten. Athamas starb bald danach. Aber auch sein Bruder, dem er die Herrschaft übergeben hatte, starb in der Blüte der Jahre und mußte sie seinem Sohn Aison überlassen. Dieser regierte in Jolkos, einer Stadt, die sein Vater am fischreichen Meer erbaut hatte. Die Stadt blühte auf durch den Handel und den Segen der fruchtbaren Äcker.

Pelias aber, des Aison Halbbruder, neidete ihm sein Glück und stieß ihn gewaltsam vom Throne. Er setzte sich selber die Krone aufs Haupt und zwang Aison, als einfacher Bürger in der Stadt zu leben. Mit Gewalt und Schrecken nur konnte Pelias seine Herrschaft aufrechterhalten. Immer lebte er in Furcht, es könnte ein Rächer auftreten und ihm die Krone entreißen. Um sein Schicksal zu erkunden, ließ er das Orakel in Delphi befragen. Es sagte ihm: «Hüte dich vor dem, der nur *eine* Sandale trägt.»

Bald darauf schenkte Aisons Frau einem Knaben das Leben. Es fürchteten die Eltern, Pelias werde, wenn er es erfahre, dem Kindlein nach dem Leben trachten. Darum vertrauten sie ihren geliebten Sprößling einem Diener an. Der trug das Kind, in purpurne Tücher gewickelt, heimlich hinaus in das Gebirge zu Chiron, dem weisen Kentauren. Dieser nahm es in seine Obhut und Zucht.

Der Knabe, Jason genannt, wuchs kräftig heran, ward groß und schön. Chiron erzog ihn zur Wahrhaftigkeit und stählte seinen Heldenmut.

Als Jason zwanzig Jahre alt geworden war, erzählte ihm Chiron, wer seine Eltern seien, was für ein Schicksal sie gehabt und forderte ihn auf, nach Jolkos zu gehen und das Königreich von Pelias zurückzufordern.

Da trennte sich Jason von seinem geliebten Lehrer und machte sich auf den Weg. Bald kam er an einen Fluß, der vom Regen angeschwollen war. Auf und ab ging er und suchte eine Furt; da stand auf einmal eine alte Frau neben ihm und bat, er möchte sie durch die Fluten tragen. Er willfahrte ihrer Bitte. Als Jason am andern Ufer angekommen seine Last absetzte, verschwand die Frau so schnell, wie sie gekommen war. Er ahnte die Gegenwart einer Göttin und erschauerte.

Im Durchwaten des Flusses hatte er einen Schuh verloren, aber unbekümmert schritt er weiter. Das Volk staunte, als der Jüngling auf dem Marktplatz von Jolkos eintraf. Kühn und kräftig schritt er einher, das Haupt umwallt von goldenen Locken, die ihm bis auf die Schultern reichten. Er hatte ein Pantherfell um sich geschlungen, doch trug er nur einen Schuh. Zur selben Stunde fuhr, von vier Maultieren gezogen, ein prächtiger Wagen langsam heran. Auf diesem Wagen saß stolz der König Pelias. Als er den Einschuhigen unter dem Volk erblickte, erschrak er und ward leichenblaß. Seinen Schreck klug verbergend, fragte er den seltsamen Fremdling nach dem Ziel seiner Fahrt. «Ich heiße Jason und bin gekommen, um das Königsrecht meines Vaters zurückzufordern, das Pelias gewaltätig an sich gerissen hat.»

Als das Volk diese kühne Rede hörte, jubelte es auf und nahm Jason in seine Mitte. Pelias fuhr finsteren Sinnes in seinen Palast zurück. Jason wurde zu seinem Vater geleitet. Vor Freude weinend, umarmte er den heimgekehrten Sohn. Fünf Tage lang feierten sie die Wiederkehr. Am sechsten Tag begab sich Jason zu Pelias in den Palast und sprach zu ihm: «Du hast mit Gewalt meinem Vater die Königskrone entrissen, nun gib sie freiwillig zurück. Alle Schätze, alles Vieh will ich dir lassen, Krone aber und Zepter fordere ich von dir.»

Pelias bezwang seinen Zorn und sprach: «Jason, du sollst die Krone erhalten. Zuvor aber müssen die Unsterblichen versöhnt werden, die unserem Hause zürnen. Mir naht das Alter, nicht mehr besitze ich die Kräfte, um es auszuführen; aber du bist jung und kannst vollziehen, wozu mich die Götter nächtlicherweile in Traumbildern mahnen. Das aber ist es: Es muß das Goldene Vlies aus dem Kolcherlande nach Hellas gebracht werden.»

So sprach Pelias verstellten Sinnes. Er hoffte, Jason durch diese gefahrvolle Aufgabe zu verderben.

Nun verließ Jason die Stadt, schritt sinnend dem Meere entlang, bis die Sonne sank. Müde geworden, legte er sich unter freiem Himmel zur Ruhe und schlief ein. Im Traum erschien ihm Hera, die Götterkönigin, und sprach zu ihm: «Jason, ich bin dir erschienen an der Furt und habe dich geprüft; ich werde dir helfen; denn verhaßt ist mir Pelias, der auf dem Throne von Jolkos sitzt. Geh nach der Stadt zurück und baue ein Schiff, berufe die tapfersten Helden und fahre mit ihnen nach Kolchis.» Als Jason am Morgen aufbrach, traf er Argos, einen kunstreichen Zimmermann, am Werk. Er war bereit, mit ihm ein Schiff zu bauen. Lange Fichtenstämme holten sie vom nahen waldreichen Gebirge Pelion. Während der Arbeit gesellte sich Pallas Athene zu den Männern und unterwies sie im Bau des Schiffes. Als es nahezu vollendet war, fügte Pallas Athene ein Stück der weissagenden Eiche aus dem heiligen Hain des Zeus in den Bug ein. Das Schiff erhielt den Namen «Argo», das heißt: die Schnelle. Jason schickte Boten durch Hellas und lud die mutigsten Helden zu der gefahrvollen Fahrt ins offene Meer. Viele versammelten sich im Hafen, vor allen Alkaios, der später Herakles genannt war, Telamon, dann Peleus, der Vater des Achilles und Laertes, der Vater des listigen Odysseus, Akastos, der Sohn des Pelias, der adleräugige Lynkeus, die geflügelten Söhne des Nordwindes Boreas, auch der zeichenkundige Seher Idmon fehlte nicht und Tiphys, der beste Steuermann, ihrer fünfzig an der Zahl. Auch Orpheus ward geholt, ohne den die Fahrt nicht gelingen konnte. Zum Führer wählten sich die Helden Alkaios, den starken Zeussohn. Dieser aber wies auf

Jason hin und sagte: «Jason allein muß uns Argonauten führen.»
Als alles zur Fahrt gerüstet war, schoben die Helden das Schiff
ins Meer. Ein Altar ward am Strand errichtet, und Jason opferte
Apollon zwei fette Stiere und flehte um freundliche Winde und
heitere Fahrt. Hell leuchtete die Opferflamme, und der Seher
Idmon kündete ein gutes Gelingen. Bis tief in die Nacht lagen
die Helden beim fröhlichen Schmaus.

Als die Morgenröte das Anbrechen des Tages kündete, bestiegen
sie das Schiff und lichteten den Anker. Jason goß köstlichen Wein,
den Göttern zur Spende, in die Fluten. Darauf ruderten sie hoff-
nungsvoll hinaus. Orpheus stärkte die Ruderer mit seinem Gesang. Bald entschwand die heimatliche Küste ihren Augen. Draußen auf dem offenen Meer zogen sie die Segel auf; ein frischer
Wind trieb das Schiff leicht dahin.

Zum erstenmal landeten die Argonauten auf einer Insel, Lemnos genannt, die war nur von Frauen bewohnt. Eine Königin
regierte das Land. Die Fremdlinge wurden festlich empfangen
und bewirtet. Von Tag zu Tag verschoben sie ihre Abreise, bis
Alkaios, der beim Schiff gewartet hatte, erschien und die säumigen
Helden an ihre Aufgabe erinnerte. Rasch brachen sie auf und
eilten zum Schiff, geleitet von den Frauen, welche ihnen prächtige
Kleider, Gold und Kostbarkeiten als Gastgeschenke verehrten;
dann stießen sie vom Land ab.

Nach mehreren Tagen durchfuhren sie den Hellespont und landeten im Hafen von Kyzikos, an der asiatischen Küste. Da
herrschte ein König, der kaum dem Knabenalter entwachsen war.
Er nahm die Fremdlinge gastlich auf und bewirtete sie in der
Stadt. Ehe die Argonauten weiterfuhren, stiegen sie auf einen
hohen Berg, um Ausschau zu halten und den Weg der weiteren
Fahrt zu erkunden. Da trollten baumlange, sechsarmige Riesen
daher, die letzten Abkömmlinge eines alten Riesengeschlechts,

schlenkerten ihre Arme, jaulten und grölten, daß es in den Bergen hallte; sie ergriffen Felsblöcke und türmten sie am Ausgang des Hafens zu einem Berg auf. Die Argonauten eilten herbei, spann-ten ihre Bogen und schossen Pfeile nach den Riesen. Da stürzten die Getroffenen und lagen kreuz und quer wie Bäume, die vom Sturmwind entwurzelt wurden. Nun mußten die Argonauten ihr Schiff um den neu aufgetürmten Berg herum ins Meer tragen und konnten dann erst weiterfahren.

Viele Tage und Nächte durchmaßen sie das ruhige offene Meer, ohne zu landen. Dann aber brach ein Sturm los und schlug so hohe Wellen, daß die «Argo» hin und her geschaukelt wurde wie eine Nußschale und die Helden zagend zu den Göttern flehten. Als der Sturm sich gelegt hatte, sichteten sie eine schön bewaldete Halb-insel; auf diese steuerten sie zu, um sich von den Schrecken und Anstrengungen zu erholen. Herakles mußte sich ein neues Ruder verschaffen; denn es war ihm im Kampf mit den Elementen ge-brochen. Er stieg aus und suchte sich im gebirgigen Wald eine Fichte. Mit beiden Händen riß er sie aus und zimmerte sich ein Ruder. Inzwischen verließ auch Hylas, sein Schützling, das Schiff, um im Waldquell kühles Wasser zu holen. Hylas war der Sohn eines Königs, den Herakles einst getötet hatte. Er liebte den ver-waisten Knaben so sehr, daß er sich nicht von ihm trennen wollte. Dieser Hylas nun folgte dem rauschenden Bach landeinwärts, drang tiefer und tiefer in den dunklen Wald und hielt seinen Schritt erst an, als der Bach sich weitete zu einem Seelein. Ruhig war seine Fläche, die dunklen Tannen und der blaue Himmel spiegelten sich darin. Hylas kniete nieder und füllte seinen Krug: da tauchten Nymphen aus der Flut auf, lockten ihn mit süßem Gesang, umschlangen ihn liebkosend mit ihren weißen Armen und zogen ihn sanft in die Tiefe als ihren Gespielen. Wie ein Stern leuchtend vom Himmel fällt und im Dunkel erlischt, so verschwand Hylas in den Fluten. Es hallten die Hilferufe des sinkenden Knaben durch den Wald. Polyphemos hörte sie. Er war ausgegangen, um Herakles zu holen und brachte ihm Kunde vom Wehgeschrei des Knaben. Herakles ließ die Arbeit liegen, zückte sein Schwert und eilte dem Knaben zu helfen, wähnend, ein wildes Tier habe ihn angefallen; er rief, blieb stehen, horchte – er suchte vergeblich die ganze Nacht hindurch.

Über den Bergen erhob sich glänzend der Morgenstern. Ein frischer Wind blähte die Segel. Die Helden, aus erquickendem Schlaf erwacht, lichteten auf des Tiphys Rat den Anker, und die Argo fuhr schnell und leicht auf das Meer hinaus. Erst als sie in voller Fahrt war, bemerkten die Helden, daß Herakles und Polyphemos fehlten. Einige drängten umzukehren, andere wollten weiterfahren. Jason saß schweigend und unentschlossen unter den Zankenden. Telamon, ein Freund des Herakles, schalt ihn und rief: «Wie, du willst Herakles nicht holen! Siehe, jetzt wird allen offenbar, daß du ihm neidest, er möchte dir den Ruhm, das Goldene Vlies zu erobern, stehlen. Ich und viele andere werden dich verlassen.» Er trat zu dem Steuermann hin und suchte zankend und scheltend ihm das Steuer aus der Hand zu reißen. Da tauchte aus den Meeresfluten ein göttliches Wesen auf und sprach: «Es ist der Unsterblichen Wille, daß Polyphemos und Herakles die Fahrt nicht weiter mitmachen. Die Götter haben Herakles zu schweren Aufgaben auserlesen.» Durch diese Worte wurde der Streit geschlichtet, und Telamon versöhnte sich mit Jason.

Das nächste Mal legten sie bei einer Landzunge an, die sich weit ins Meer erstreckte. Da regierte ein König, der war ein riesenkräftiger Faustkämpfer und maß sich kämpfend mit allen Fremdlingen. Groß und mächtig, in einen schwarzen Mantel gehüllt, stellte er sich ans Ufer und forderte höhnisch den Tapfersten zum Kampf heraus. Ungeheißen trat Polydeikes vor, ein Sohn des

Zeus. Er war klein von Gestalt, aber der geübteste Faustkämpfer, und brannte vor Begierde, sich mit dem Riesen zu messen. Als dieser den Kleinen sah, lachte er aus vollem Halse und schlug auf ihn ein, wähnend, er hätte leichtes Spiel. Zuerst wich Polydeikes den Schlägen aus, bis er die Kampfart des Gegners genau kannte. Dann griff auch er an. Nun gerieten beide aneinander wie wütende Stiere. Im besten Augenblick versetzte Polydeikes dem König einen solchen Schlag, daß dieser in die Knie sank und vom Kampfe für immer genug hatte.

Als sich die Argonauten mit Wasser und Nahrung versorgt hatten, fuhren sie weiter und gingen erst wieder an der thrakischen Küste ans Land. Dort trafen sie einen Greis, der war in Lumpen gekleidet und zum Erschrecken abgemagert; auf einen Stock gestützt, tastete er sich mühsam vorwärts. Von Mitleid und Erbarmen ergriffen, fragten ihn die Helden nach seinem Geschick. Phineus war es, der König von Thrakien. Er hatte von den Göttern die Gabe der Weissagung erhalten und sie mißbraucht. Darum straften sie ihn mit Blindheit und ließen ihn durch die Harpyien verfolgen. Das waren vogelähnlich gestaltet Wesen, die mit Sturmeseile nahten, wenn er essen wollte, und ihm die Speise raubten oder besudelten. «Nun ist die Zeit meiner Erlösung gekommen», sagte er, «gelandet sind die Helden, die mich befreien können von den schrecklichen Harpyien; das vermögen allein die Söhne des Boreas, die unter euch weilen.» Mit Freuden sagten die dem erbarmungswürdigen Greis ihre Hilfe zu. Als sich nun Phineus mit den Argonauten zum Mahle niederließ und essen wollte, schossen die Harpyien aus der Luft herab, rissen ihm jedesmal die besten Stücke aus den Händen und entflohen, einen üblen Gestank zurücklassend. Auf schwangen sich die Boreaden und verfolgten die Harpyien weithin über Länder und Meere. Als sie ihnen zum Greifen nahe waren, erschien Iris die Götterbotin auf strahlendem Regenbogen und rief: «Nicht ergreift noch tötet die Harpyien, die schnell-rächenden Hunde des Zeus. Kehret zurück, nie mehr wird Phineus von ihnen verfolgt.»

Als die Söhne des Boreas zum Schiff zurückkehrten, erkannten sie Phineus kaum wieder: frisch gebadet und neu gekleidet saß er im Kreis der Helden, am leckeren Mahle sich freuend. Zum Dank sagte Phineus den scheidenden Helden voraus, welche Schicksale ihrer warteten und gab ihnen weisen Rat. «Die Symplegaden müßt ihr durchfahren; das sind Felsen, die nicht in der Erde festgewurzelt sind, sondern immer wieder krachend gegeneinanderfahren und alles zermalmen, was zwischen sie kommt. Noch nie gelangten Menschen heil hindurch. Doch rate ich euch, dieses zu tun: Nehmt eine Taube mit und laßt sie hindurchfliegen; kommt sie durch die Gefahr, dann heil euch! Wird sie aber von den Felsen zerdrückt, so kehret um, oder ihr seid verloren. Gelingt euch die Durchfahrt, dann steuert rechter Hand der Küste entlang dem Kolcherlande zu. Das Goldene Vlies, das ihr sucht, hängt in einem Eichbaum und wird von einem Drachen bewacht, der hundert Augen hat und nie schläft.» Staunend hörten die Helden dem Greis zu; aber keinem schwand der Mut im Herzen. Frisch gestärkt, begaben sie sich auf die Weiterfahrt.

Schon von weitem war das dumpfe Krachen und Dröhnen der Felsen, das Branden und Gischen des Meeres hörbar. Der Steuermann Tiphys befahl ihnen, kräftig zu rudern. Eben donnerten die berghohen Felsen aufeinander und entfernten sich. Hochauf wogte und wallte das Meer. Euphemos ließ eine Taube fliegen. Gespannt verfolgten die Helden ihren Flug. Schon näherten sich die schwankenden Felsen wieder. Mit leichten Flügelschlägen flog die Taube auf sie zu. Jetzt prallten die Felsen krachend aufeinander, das Meer wogte und tobte von Grund auf. Ein Wirbel erfaßte das Schiff und drehte es im Kreise, daß die Helden nicht mehr sehen konnten. Als der Steuermann das Schiff wieder in seiner Gewalt hatte, war die Taube glücklich hindurch geflogen. Lynkeus aber erspähte, daß sie zwei Schwanzfedern verloren hatte.

Von Hoffnung erfüllt, ruderten die Helden mit aller Kraft und näherten sich dem Durchgang. Bereits rollte eine hohe Welle heran und hob das Schiff. Tiphys befahl, die Ruder einzuziehen: die Argo sank in das Wellental. Jetzt legten sich die Helden in die Riemen, daß sich die Ruder bogen. Aber immer mächtigere Wellen hoben das Schiff und trugen es rückwärts. Die Felsen nahten sich wieder. Welle auf Welle folgte, überschlug sich schäumend und das Schiff tanzte wie eine Nußschale hin und her. Schon warfen die Felsen ihre Schatten auf das Schiff; sie drohten es zu zerschmettern: da, in höchster Not, kam von den Himmlischen Hilfe. Pallas Athene erschien und hielt mit der linken Hand einen Felsen zurück, mit der rechten gab sie der «Argo» einen kräftigen Stoß – da krachten die Felsen aufeinander, das Schiff war hindurch. Die Helden jubelten. Nur die Verzierung am Hinterende war zerschlagen. Die Felsen entfernten sich wieder und blieben dann für alle Zeiten stehen, wie geweissagt war. Es besänftigten sich die Wogen, und die «Argo» segelte ruhig ins Schwarze Meer.

Viele Tage und Nächte fuhren die Argonauten der Küste entlang. Endlich kamen sie wieder in die Nähe einer Insel. Da kreiste ein Vogel über dem Schiff. Er schüttelte sich, und eine Feder flog einem Pfeile gleich herunter, verletzte einen der Helden an der Schulter, daß das rote Blut hervorquoll. Nun erhob sich von der Insel ein schwarzer Vogelschwarm und näherte sich kreischend dem Schiff. Es waren die Stymphaliden, die Vögel des Ares. Rasch bedeckten sich alle mit den Helmen, einige ergriffen die Schilde und hielten sie über die Rudernden zum Schutz. Die Vögel schüttelten sich, und es regnete von Pfeilen auf dem Schilddach. Jetzt aber schlugen die Helden mit den flachen Schwertern auf die

Schilde und schrien so laut, daß der betäubende Lärm die Vögel verscheuchte.

Auf der Insel trafen sie vier arme, hungernde Schiffbrüchige. Sie stammten aus dem Kolcherland und waren in einem Sturm hierher verschlagen worden. Jason teilte ihnen das Ziel seiner Fahrt mit. Sie warnten ihn vor Aietes, dem Sohne des Helios, und seiner Kriegsmacht und flehten ihn an, umzukehren. Peleus antwortete: «Auch wir sind Göttersöhne und zögern nicht zu kämpfen, wenn er das Vlies nicht freiwillig gibt.» Keine Gefahr, keine Schrecken mehr hätten vermocht, die Helden abzuhalten, nachdem sie heil durch die Symplegaden durchgekommen waren. Mit entfachter Kampfeslust fuhren die Argonauten dem Kolcherland zu. Jetzt nahten sie dem hohen dunkelragenden Kaukasusgebirge. Schaudernd sahen sie Prometheus an einer jäh abfallenden Felswand angeschmiedet. Der Adler kreiste über ihm. Im Weiterfahren hörten sie die verhallenden Schmerzenslaute des Titanen.

Bald danach sichtete Lynkeus das Kolcherland. Mit frischen Kräften legten sie sich in die Riemen. Die Sonne versank glutrot im Meer, als die «Argo» am schilfbewachsenen Phasisstrom landete. Jason goß aus goldenem Becher Wein ins Meer und flehte die Götter des Meeres, der Erde und des Himmels um Schutz und Beistand an. Darauf sprangen die Argonauten an Land. Das Schiff zogen sie in eine schilfreiche Bucht, dann legten sich die Helden zur Ruhe, bis der neue Tag anbrach.

Im hohen Olymp wachten, um ihren Liebling Jason besorgt, Hera und Pallas Athene und sannen, wie sie ihm bei der Lösung der schweren Aufgabe helfen konnten. Sie suchten Aphrodite die Göttin der Liebe auf und baten sie um ihre Mithilfe. Aphrodite versprach, im Herzen der jüngsten Königstochter die Kraft der Liebe zu erwecken, damit sie, besorgt um das Leben des geliebten Helden, mit ihren Zauberkräften helfe, das Vlies zu rauben.

Als die Sonne sich erhob, schritt Jason mit einigen Gefährten der weithin schimmernden Burg des Aietes zu. Am Fuße des Burghügels sahen sie den heiligen Eichenhain. In einem mächtigen Eichbaume leuchtete das Goldene Vlies. Hera umhüllte die Helden mit einer Nebelwolke und sie schritten unbemerkt durch die Stadt vor den Palast, wo die Wolke von ihnen wich. Staunend traten sie in den Hof. Wundersame, fein duftende Blumen wuchsen darin und Bäume, die trugen Blüten und Früchte zugleich. Ein Brunnen, von Hephästos kunstreich gefertigt, stand in der Mitte: aus vier Röhren floß Milch, Öl, Wein und Wasser, das im Sommer kühl und im Winter heiß war. Auf Marmorfliesen schritten sie unter einer schattenspendenden Säulenhalle dem Palast des Königs zu.

Aus dem hohen Tor trat eine Jungfrau. Von der Erscheinung des strahlenden Jünglings erschreckt, blieb sie stehen, dann aber verschwand sie, scheu wie ein Reh, im Innern. Jason sah ihr staunend nach. In beider Herzen hatte Aphrodite der Liebe Feuer entzündet.

Jason überschritt die Schwelle des Palastes und ward von Aietes königlich empfangen. Nachdem ihnen Diener goldene Becken gereicht hatten, um Hände und Füße zu waschen, wurden sie gastfreundlich bewirtet. Als nach dem Mahle der Wein in goldenen Schalen herumgereicht wurde, fragte Aietes die Fremdlinge nach Namen, Heimat und Ziel ihrer Fahrt.

Jason nannte seine Herkunft und sagte, daß er gekommen sei, ihn um das Goldene Vlies zu bitten. Wie Aietes dieses hörte, schoß er auf vom Gelage, ergriff seine Lanze und rief zorngeschwollen: «Diese Lanze würde dich durchbohren, wärest du nicht mein Gast. Doch ich ehre Zeus, den Schützer des Gastrechts, und will nicht gegen ihn freveln. Lügend suchst du mich zu täuschen, denn du bist gekommen, um mir mein Königreich zu entreißen.» Jason erzählte, des Königs Zorn zu besänftigen, wie wunderbar ihn die

Götter auf der Fahrt beschützt und wie es der Wille der Himmlischen sei, daß das Goldene Vlies nach Hellas gebracht werde.

Nun bezwang Aietes des Zornes Glut und sprach: «Nun gut, wenn du meine feuerschnaubenden Stiere, die mir Hephästos schenkte, unter das Joch zu zwingen vermagst und den Acker, den ich sonst zu pflügen gewohnt bin, an einem Tage pflügst, wenn du die Drachenzähne säst und über die Riesen siegst, die aus dieser Saat erwachsen: dann magst du das Vlies dir holen.» Jason versank ins Sinnen, denn allzu gefahrvoll erschien ihm das Werk. Dann sprach er ruhig: «Ich werde mich der Aufgabe unterziehen, den Göttern gehorchend, die mich hierher geführt haben.» Er erhob sich von der Tafel. Ungeleitet verließen die Helden Palast und Stadt und schritten dem Schiffe zu.

Medeia, die Jungfrau, welche Jason am Tor des Palastes gesehen, war heimlich in den Königssaal geschlichen und hatte alles mitangehört. Sie flehte in ihrem Herzen zu den Göttern, dem Helden helfend beizustehen. Nach schlummerloser Nacht erhob sie sich früh vom Lager, um die versäumte Pflicht als Priesterin der Zaubergöttin Hekate nachzuholen. Hera bewog Jason, daß er, als die Sonne sich zum Untergang neigte, den Tempel der Hekate aufsuchte. Dort traf er die Jungfrau in weißem Priestergewand. Lange standen sie sich schweigend gegenüber, den Blick zu Boden gerichtet, dann sprach die Priesterin, alle Scheu überwindend: «Ich bin Medeia, die Tochter des Aietes. Ich weiß, was dich ins ferne Kolcherland geführt hat und kenne die Prüfung, vor die du morgen gestellt bist. Ich will dir mit Kraft und Kunst meiner Göttin behilflich sein. Höre meinen Rat, Jason. Verlaß das Schiff in dieser Nacht, hülle dich in ein schwarzes Gewand und opfere der Hekate an heimlichem Ort ein Lamm. Grabe schweigend eine Grube, schlachte das Lamm und laß Milch und Blut in die Grube fließen, schichte das Holz, entzünde ein Feuer und verbrenne das

Opfertier in den Flammen. Hernach wende dich zum Schiff zurück und erwarte das Morgengrauen. Sobald der Himmel sich rötet, steige zum Flusse nieder, bade dich und reibe diesen Saft auf deinen Leib. Bestreiche auch Schild, Schwert und Lanze damit. Dann kehre zum Schiff zurück; wappne dich aber mit Mut, blicke nicht seitwärts noch schaue zurück. Dieses auch merke dir: Wenn du mit den Riesen kämpfen mußt, so wirf einen Stein unter sie.» – Darauf gab sie Jason ein Fläschchen, das einen Zaubersaft enthielt. Diesen Saft hatte Medeia aus der Wurzel einer Pflanze bereitet, die aus den Blutstropfen der Leber des Titanen Prometheus gewachsen war.

Jason dankte ihr und sprach: «O Priesterin, Jungfrau, kämest du nach dem schönen Griechenland! Hochgeehrt würdest du, und nichts sollte uns trennen als der Tod.» Dann verließ er den Tempel, um zu tun, was ihm Medeia geraten hatte.

Nachts, als alle Gefährten schliefen, entfernte er sich vom Schiff und bereitete das Opfer. Feuerzungen zuckten aus dem Boden, dumpf dröhnte die Erde. Jason erkannte aus diesem Zeichen, daß Hekate das Opfer angenommen hatte. Heim schritt er, und als das Frührot erschien, ging er hinaus und badete sich im Fluß. Er rieb den Zaubersaft, den ihm Medeia gereicht, auf seinen Leib und fühlte alsobald die Kraft in seinen Gliedern wachsen; dann bestrich er auch seine Waffen.

Als er zum Schiff zurückkehrte, fing die Erde an zu beben; Hekate, die Göttin selber ging an ihm vorbei, umringt von bellenden Hunden. Jason, der Mahnung gedenkend, senkte seinen Blick.

Beim Schiff drängten sich alle Gefährten um ihn und staunten über seine Verwandlung. Größer erschien er ihnen, kräftiger und herrlicher. Einer erprobte die Härte des Schildes und schlug aus Leibeskräften mit seinem Schwert darauf: das Schwert zersprang klirrend in viele Stücke.

Nun begleiteten sie Jason, von Hoffnung erfüllt, auf das Feld hinaus. Da standen schon die Kolcher in Scharen, um dem Kampf zuzuschauen. Auf einem Streitwagen, von vier wilden Rossen gezogen, kam der König herangesprengt. In prächtiger Rüstung, bedeckt mit einem leuchtenden Goldhelm, stand er stolz und rief Jason zu: «So beginne denn das Werk. Zähme die Stiere und spanne sie vor den Pflug.»

Brüllend und feuerschnaubend stampften die eisenfüßigen Stiere im Stall. Schnell legte Jason Rüstung und Waffen weg und schritt auf den ersten zu. Wie der ihn sah, senkte er das Haupt zur Erde, brüllte, stellte den Schwanz und rannte auf ihn los. Mit einem Griff packte Jason den Stier bei den Hörnern und brachte ihn zum Stehen. Mit eiserner Kraft drehte er ihm langsam den Kopf und zwang ihn auf die Knie. Laut jubelte das Volk. Darauf führte er den Stier zum Pflug. Den andern zähmte er ebenso. Nun legte er ihnen das eherne Joch auf den Nacken. Feuer schnob aus ihren Nüstern, und Jason stand von Flammen umloht. Um sein Leben bangend klagten die Helden. Jason aber trat unversehrt aus der Lohe, ergriff den Pflug und trieb die Stiere an. Tief fuhr der Pflug in die Erde und wälzte die Schollen. Furche um Furche ward gezogen, und ehe die Sonne am Mittagshimmel stand, war das Feld gepflügt. Nun erhielt Jason in einem Helm die Drachenzähne. Er schritt über den Acker und säte sie. Als das verrichtet war, fuhr der König bleichen Antlitzes in die Stadt; das Volk und auch Jason verließ mit den Gefährten das Feld. Am Schiffe angekommen, ward ihm ein Helm kühles Wasser gereicht; er löschte seinen Durst und ruhte im Schatten des Schiffes. Als die Sonne sich zum Untergehen neigte, strömte alles Volk wieder hinaus. Da standen, gleich einem Wald, Riesen, die mit den Waffen klirrten und kampflustig ihren Gegner erwarteten. Jason ergriff einen Feldstein, den vier Männer kaum von der Stelle bewegt hätten und warf ihn mitten unter die Riesen. Die kamen in Bewegung, drängten sich aneinander, stießen sich weg, jeder gab scheltend den andern schuld, den Stein geworfen zu haben. Sie schlugen mit den Fäusten aufeinander, griffen zu den Waffen und stritten in wildem Zorn; die Reihen lichteten sich immer mehr; zuletzt griff Jason ein und hieb mit seinem Schwert gegen die Riesen, daß sie wie Eichstämme vom Sturm gefällt stürzten und kreuz und quer am Boden lagen.

Wortlos, von nagenden Zweifeln bedrängt, entfernte sich der König. Das Volk verlief sich, des Helden List und Stärke preisend, und Jason kehrte, umjubelt von seinen Freunden, zum Schiff zurück.

Nacht war es geworden. Aietes ging auf und ab und quälte sich sorgend um das Goldene Vlies. Noch blieb ihm als letzte Hoffnung, daß der wachsame Drache es beschützen werde.

Auch Medeia war von Angst gepeinigt und hielt es nicht mehr aus im Palast. Sie nahm Apsyrtos, des Aietes Lieblingskind, auf die Arme und floh aus dem Haus.

Auf geheimen Pfaden eilte sie zum Schiff. Sie fand die Helden um das Freudenmahl gelagert, rief Jason und drängte ihn, noch in dieser Nacht das Vlies zu holen. Auf den Knien flehte sie ihn an, daß er sie danach errette und mitnehme nach dem fernen Griechenland.

Rasch und lautlos schritten Jason und Medeia, von Orpheus begleitet, dem rauschenden Phasisstrom entlang und drangen in den heiligen Hain. Aus der Eiche schimmerte das Vlies, weithin sichtbar. Als sie nahten, regte sich der Drache; die hundert Augen funkelten, und er kroch zischend mit aufgesperrtem Rachen auf die Eindringlinge zu. Medeia trat ihm furchtlos entgegen, tauchte einen Wacholderzweig in ein Gefäß und sprengte, die unterirdischen Götter anrufend, die Flüssigkeit gegen den Drachen. Ein wundersamer Duft verbreitete sich und betäubte ihn allmählich. Er senkte seinen Kopf und entschlummerte. Orpheus griff in die Saiten der Leier und sang so süß, daß der Drache von den Fesseln des Schlafes umfangen blieb. Nun schritt Jason zur Eiche hin, ergriff das Vlies und legte es über seine Schultern; dann verließen sie eilend den Hain. Das Vlies erleuchtete ihnen den Weg. Staunen ergriff die Wartenden auf dem Schiff. Sie glaubten, Apollo, der Strahlende, nahe sich ihnen. Als die drei im Schiff geborgen waren, wurde der Anker gelichtet und die «Argo» fuhr im Morgengrauen auf das Meer hinaus.

Die Abfahrt der Argonauten ward bald entdeckt. Aietes sprengte mit seinen Kriegern ans Meer; sie stürzten sich in die Schiffe, durchschnitten die Taue und ruderten der «Argo» nach. Bald erreichten sie diese. Aietes erhob seine Lanze, um Jason zu durchbohren: da lähmte ein Schreck seine Glieder. Medeia war auf dem Deck des Schiffes erschienen, sein Lieblingskind Apsyrtos im Arm, hieb ihm den Kopf ab und warf ihn ins Meer. Wehklagend sank Aietes in die Knie. Er ließ das Haupt des Kindes sorgsam bergen und verfolgte darauf die «Argo» weiter. Kaum hatte er sie eingeholt, warf Medeia wieder ein Glied ins Meer, und so hielt sie den Verfolger von der «Argo» fern. Als der König alle Glieder des Kindes geborgen hatte, verfluchte er die Fliehenden mit schrecklichen Flüchen und ließ sein Schiff wenden, fuhr heimwärts und begrub das Kind. – Bald danach drang ein fremder König erobernd in sein Land ein und machte sich zum Herrscher über die Kolcher.

Die Argonauten aber segelten der Heimat zu. Sie waren nicht mehr fern von Hellas; da traf sie der Zorn der Götter. Der Donnerer schleuderte Blitz auf Blitz und Poseidon erschütterte das Meer von Grund auf; die «Argo» wurde hin und her geschaukelt, daß die Planken krachten. Die Helden wären verloren gewesen, hätte nicht Hera ihre schützende Hand über das Schiff gebreitet. Weitab war es in fremde Gegenden getrieben. Jegliche Richtung, jedes Zeitmaß von Tagen und Monden hatten die Helden verloren. Nach langen Irrfahrten näherten sie sich der Insel der seligen Phäaken. Dort sollten Jason und Medeia nach Heras Ratschluß das Hochzeitsfest feiern. Nun ertönte zum erstenmal das Holz der heiligen Eiche und sprach: «Zeus' Zorn waltet über euch; er wird nicht weichen, bis Kirke den Frevel an Apsyrtos gesühnt hat.» Kirke aber, eine Zauberin und Schwester des Aietes, wohnte auf einem Eiland, weitab im Weltmeer. Wie Schafe ihren Hirten, so umgaben sie schreckliche, tierähnliche Gestalten, halb Schwein, Hund, Esel oder Luchs. Es waren verzauberte Männer, die einst auf ihrer Insel gelandet.

Die Argonauten wagten nicht, bei den Phäaken zu landen; sie mußten zuerst die Insel der Kirke aufsuchen. Tage und Nächte trieben sie umher auf dem endlosen Meer. Sie gelangten sogar in die Strömung des Okeanos, der von keinem Sterblichen befahren werden durfte. In höchster Not erschien ihnen Hera, ergriff die Argo und trieb sie in einen nördlichen Strom durch neblige Gegenden. Endlich landeten sie an der Insel der Kirke.

Die schöne Zauberin stand am Meeresstrand und reinigte sich; denn im Traumgesicht hatte sie ihren Palast voll Blut gesehen. Jason und Medeia stiegen aus, folgten ihr schweigend in den Palast und traten zum Herd. Mit beiden Händen hielt Jason das Schwert, womit Apsyrtos getötet worden war. An diesem Zeichen erkannte Kirke, daß sie von einem Mord gesühnt werden wollten, und gewährte den Fluchbeladenen die reinigende Handlung; dann mußten sie die Insel verlassen.

Bald drohte neues Unheil, als sie an der klippenumragten Insel der Sirenen vorbeifahren mußten. Die Sirenen waren Jungfrauen mit Vogelleibern, die, hinter Büschen auf Felsen sitzend, mit bezauberndem Gesang die Schiffer heranlockten. Wenn diese den Gesang hörten, wurden sie von solcher Sehnsucht ergriffen, daß sie mit aller Kraft auf die Insel lossteuerten und an den Klippen zerschellten.

Sobald sich das Schiff der Insel näherte, begann ein Klingen und Singen, dem die Argonauten nicht widerstehen konnten. Sie ruderten auf die Insel zu. Da aber stand Orpheus auf, nahm seine Leier und spielte und sang so ergreifend, daß der Bann der Sirenen gebrochen war und die Männer glücklich an der Insel vorbeikamen.

Wiederum tauchte das Eiland der Phäaken auf. Diesmal durften sie landen. Vom König der Insel wurden sie gastfreundlich aufgenommen. Nymphen breiteten in einer Grotte das Goldene Vlies aus und schmückten sie, denn hier sollte das Hochzeitsfest stattfinden. Die ganze Nacht ward gefeiert. Die Nymphen sangen und tanzten vor der Höhle auf der Waldwiese, und die Helden veranstalteten Wettkämpfe. Aber auf einmal brauste es schrecklich in der Luft, und heran fauchte der hundertäugige Drache. Er wollte das Vlies zurückholen. Aber er kam zu spät. Da das Hochzeitsfest schon gefeiert war, war seine Macht gebrochen, und er verschwand im Dunkel, niemand weiß wohin.

Froh steuerten sie am andern Morgen Hellas zu. Aber von neuem erhob sich ein heftiger Sturm. Neun Tage und Nächte dauerte er und verschlug sie an die libysche Küste. Mächtige Wellen rauschten weit ins flache Land hinein und trugen die «Argo» auf ihrem Rücken; dann flossen sie zurück und ließen das Schiff in der Sandküste stecken. Heiß brannte die Sonne herunter, und die Helden fürchteten zu verschmachten. Schweigend legten sie sich auf den Sand, deckten sich mit Tüchern und erwarteten kummervoll den Tod.

In der Glut des Mittags fühlte sich Jason sanft an den Schultern berührt. Er richtete sich auf und erblickte mit Verwunderung drei göttergleiche Jungfrauen, Nymphen, die Herrinnen dieser öden Gegenden. Sie sprachen zu ihm: «Wenn das Roß des Poseidon aus den Fluten steigt, dann zahlt der Mutter, die euch so lange gehegt und getragen hat, eure Schuld.» Darauf verschwanden sie. – Lange sann Jason, um den dunklen Sinn der Rede zu ergründen. Da tauchte aus dem wogenden Meer ein Pferd; rauschend verrieselte der weiße Schaum im Sand, es schüttelte seine goldflutende Mähne und sprengte am Schiff vorbei in die Wüste. Jason sah ihm nach und verstand auf einmal die Worte der Nymphen. Er hieß seine Gefährten aufstehen und mit dem Schiff, das sie so lange getragen hatte, der Spur des Pferdes zu folgen. Sie hoben es auf ihre Schultern und trugen es zwölf Tage und zwölf Nächte durch das Land – da erreichten sie die Tritonische Meerbucht. Dort ließen sie das Schiff ins Wasser gleiten, konnten aber keinen Ausweg aus der Bucht erspähen. Auf Orpheus' Rat weihten sie dem Poseidon einen goldenen Dreifuß. Als sie von Land gestoßen waren, erschien ein Jüngling, nahm das Geschenk in Empfang und verschwand. Da tauchte der alte Triton aus den Fluten, wie er den Menschen zu erscheinen liebte: bläulich wallten die Haare von seinem Haupte; sein feuchtschillernder Leib war von glänzenden Schuppen bedeckt und endigte in zwei fischähnlichen Schwänzen mit mondsichelförmigen Flossen. Der Meergott ergriff das Schiff und lenkte es aus der Bucht ins offene Meer. Nun konnten sie wieder die Segel aufziehen, und nach zwei Tagen schon fuhren sie an der heimatlichen Insel Kreta vorbei.

Noch einmal überraschte sie der Sturm; es verdunkelte sich der Himmel, und die Helden bangten, in der undurchdringlichen Finsternis auf Felsen zu fahren. Da ward ein leuchtender Bogen am Himmel sichtbar, silberblitzende Pfeile schossen auf ein kleines Eiland zu und erhellten einen sicheren Port. Jason erkannte den Retter; er weihte Apollon auf der Insel einen Altar.

Als sie in der Morgenklarheit weiterfuhren, entdeckten sie die Küsten von Hellas. Wie jubelten und jauchzten da die Helden! Mit aller Kraft ruderten sie der langersehnten Heimat zu. Jason lenkte das Schiff nach der Stadt Korinth. Dort, auf einer Landenge, war ein heiliger Hain, dem Poseidon geweiht. In diesen Hain trugen sie ihr Schiff und weihten es dem Gott des Meeres. Darauf trennten sich die Freunde; ein jeder ging in seine Vaterstadt und erzählte, umjubelt und bestaunt, die Schicksale ihrer Fahrt. Jason aber schritt mit Medeia nach Jolkos, um Pelias das Goldene Vlies zu überbringen.

Durch diese Tat hatte Jason erfüllt, was die Götter von ihm verlangt hatten: das Goldene Vlies war wieder in Griechenland.

Es ward fortan zu Eleusis im Heiligtume der Demeter aufbewahrt.

Pelias, im Wahne lebend, Jason werde nie mehr zurückkehren, hatte, um seine Herrschaft zu sichern, dessen Geschlecht umgebracht. – Nun trat Jason vor seinen Oheim, überreichte ihm das Goldene Vlies und mahnte ihn an sein Versprechen. Pelias aber verweigerte ihm Krone und Zepter.

Vergeblich sann Jason, wie er dem Tyrannen das Erbe entreißen könnte; allein Medeia wußte Mittel und Wege. Durch Zauberkünste hatte sie das Vertrauen von Pelias' Töchtern gewonnen, und mit ihrer Hilfe sollte das Rachewerk gelingen.

Einmal schickte sie sich an, einen alten Widder zu verjüngen. Sie entzündete Feuer unter einem Kessel, füllte ihn mit Wasser und warf sorgsam erlesene Kräuter hinein; danach schlachtete sie den Widder, zerstückelte ihn und legte die Stücke in die brodelnde Brühe. Aus den aufsteigenden Dämpfen hörte man ein sanftes Blöken, und auf einmal sprang ein junges Schäfchen aus dem

Kessel. Die Töchter staunten und baten Medeia, auch ihrem alten Vater die Jugendkraft wiederzugeben. Sorgsam bereitete sie mit den Töchtern das Werk und gab ihnen Rat und genaue Weisung. Nachts schlichen sie ans Bett des schlafenden Vaters und töteten ihn mit dem Schwert, zerschnitten ihn in Stücke und kochten sie im Kessel. Die Zauberin hatte ihnen aber wirkungslose Kräuter gegeben, und so waren sie zu Mörderinnen ihres Vaters geworden.

Akastos, der Bruder, hatte nun die Pflicht, den Tod seines Vaters an seinem Freund Jason und an Medeia zu rächen. Die beiden mußten noch in derselben Nacht als Verbannte aus Jolkos fliehen.

Heimatlos geworden, eilten sie nach Korinth und fanden in dieser Stadt Schutz und Obdach. Lange Jahre lebten sie glücklich zusammen und erfreuten sich zweier heranwachsender Söhne.

Da geschah es, als Medeias Jugend verblüht war, daß Jason die Tochter des Königs von Korinth lieb gewann und mit ihr vermählt werden sollte. Vor dem Hochzeitsfest kam der König von Korinth zu Medeia und wollte sie aus seinem Land vertreiben. Noch vor Sonnenuntergang sollte sie es verlassen. In bitterem Schmerz umfaßte sie des Königs Knie und bat ihn, noch einen Tag bleiben zu dürfen. Der König fürchtete ihre Rache; weil er aber nicht hartherzig war, gewährte er ihre Bitte. In der Nacht bereitete sie ihr Rachewerk. Am Morgen schickte sie einen Boten an die Königstochter mit einem schönen, golddurchwirkten Gewand als Hochzeitsgabe. Freudig ergriff diese das gleißende Kleid, zog es an und eilte, sich dem Vater zu zeigen. Da durchdrang sie ein heftiger Schmerz, daß sie wehklagend zusammenbrach; das Kleid brannte wie Feuer auf ihrem Leib, und sie wälzte sich windend am Boden. Von den Dienerinnen gerufen, eilte der König herbei, suchte sie von dem Kleid zu befreien – die Tochter aber starb unter fürchterlichen Schmerzen in seinen Armen. Und auch der König ward von demselben brennenden Schmerz ergriffen und durchdrungen und starb durch das vergiftete Kleid. Jason, der die schreckliche Kunde erhalten hatte, wollte helfend herbeieilen – doch es war zu spät. Traurig entfernte er sich aus dem Saal. Da stürzte ihm ein Diener entgegen, atemlos stammelnd: «Deine Söhne sind tot, durch Medeias Hand.» Von Entsetzen gepackt, eilte er zu der anderen grausen Stätte. Da sah er, wie sich Medeia, die Zauberin, auf einen feurigen Drachenwagen schwang und durch die Lüfte sauste. Sie floh zu König Aigeus von Athen und ward dessen Frau. Als sie Mutter eines Knaben geworden war, versuchte sie, Theseus, den älteren Sohn des Königs, zu vergiften, damit ihr Kind einst König werde. Doch wurde entdeckt, was sie vorhatte, und Aigeus vertrieb sie. Nun entfloh Medeia mit ihrem Sohn auf dem Zauberwagen nach Kolchis. Sie versöhnte sich mit ihrem alten Vater und setzte ihn wiederum als König ein über die Kolcher.

Jason aber lebte einsam in Korinth. Oft ging er in den heiligen Hain des Poseidon, setzte sich in den Schatten der «Argo», mit der er in frohen Jugendtagen durch die Welt gesegelt, und betrachtete sinnend die aufsteigenden Bilder der Erinnerung.

Einst geschah es, als er neben der «Argo» eingeschlummert war, daß die Planken sich lösten und ihn unter den Trümmern begruben.

ALKAIOS-HERAKLES

Auf dem hohen Olymp thronend, sprach Zeus einst zu den versammelten Göttern:

«Der Knabe, der morgen von Alkmene dem Hause der Perseiden geboren wird, ist mein Sohn. Er wird der mächtigste König werden über Argos, und alle jetzt lebenden Nachkommen des Perseus sollen ihm untertan sein.»

Hera, voll Eifersucht, verstellte ihre Miene und sprach: «Nie offenbarst du, Zeus, den letzten Sinn deiner Rede; wohlan, schwöre, daß der Erstgeborene des morgigen Tages König von Argos und Herrscher über die Perseiden werde.» Ohne Argwohn schwur Zeus, und es freuten sich die versammelten Götter.

Im Dunkel der Nacht aber verließ Hera mit den Schicksalsgöttinnen heimlich den Olymp, um die Geburt des ihr verhaßten Zeussohnes zu verzögern.

Im Morgengrauen, als die Stunde nahte, da Alkmene gebären sollte, umstellte Hera mit den Geburtsgöttinnen das Haus. Sterblichen unsichtbar, kauerten sie mit gekreuzten Beinen und Armen und verhinderten, daß der lichtvolle Zeussohn mit der aufgehenden Sonne die Erde betrete. Hera aber eilte inzwischen auf die Burg von Mykenä, wo die Königin auch ein Kind erwartete, und bewirkte, daß dieses Knäblein zu früh auf die Welt kam. Erst nachdem dies geschehen war, lösten die grauen Gestalten den Kreis um das Haus der Alkmene, und der Sohn des Zeus konnte geboren werden.

Frohlockend eilte Hera zum Olymp zurück. Sie hatte Zeus

überlistet und erreicht, daß der erstgeborene, wenn auch schwächliche Eurystheus zum Herrscher wurde über Argos und den Sohn
der Alkmene.

Zeus konnte seinen Schwur nicht zurücknehmen. Aber in der
folgenden Nacht sandte er Hermes und befahl ihm, seinen Sohn
heimlich auf den Olymp zu bringen. Nun legte er das Knäblein
der schlummernden Hera an die Brust, und es trank von der göttlichen Milch. Durch diese erhielt es unüberwindliche Kraft auf
Erden und ewigen Anteil am Leben der Götter nach dem Tode.
Schrecklich war Heras Zorn, als sie erwachte und gewahrte, was
geschehen war. Haßerfüllt nur konnte sie an das Kind denken.

Alkmene legte den Knaben in einen Schild, der als Wiege
diente. Einmal begab es sich, daß die Mutter eingeschlummert
war und die Amme sich aus dem Raum entfernt hatte. Diesen
Augenblick benutzte Hera. Sie schickte zwei Schlangen, die sollten
das Kind erwürgen. Sie krochen zum Schild hin und richteten sich
züngelnd über den Rand auf – da griff das Kind nach ihnen und
würgte sie, daß sie verendeten. Am Lärm erwachte die Mutter und
schrie um Hilfe. Diener eilten herbei, jammernd nahte die Amme.
Amphitryon, der Pflegevater, stürzte mit gezücktem Schwert in
das Gemach: es entsank aber seiner Hand, als er die Tat des Kindes sah. Alle, die das sahen, waren von Verwunderung ergriffen
über das göttliche Zeichen und die gewaltige Kraft des Kindes.

Es tastete sich auch herein der blinde Seher Teiresias; der hatte
viele Menschenalter schon überlebt und alle Geschicke zweifach
erfahren, einmal vorausschauend und dann miterlebend. Ehrfürchtig machten ihm die Diener Platz. Er trat an den Schild und
kündete: «Heil dir, Alkmene, Mutter des Sohnes, der das Schlan-
genpaar der Hera in der Wiege überwand. Dieses Kind hat sich
übermenschlichen Kampf als Schicksal auserwählt.»

Der Knabe, Alkaios genannt, wuchs kräftig und froh heran.

Amphitryon unterrichtete ihn und seinen nachgeborenen Bruder Iphikles im Wagenlenken; berühmte Helden waren seine Lehrer im Laufen und Ringen, im Bogenschießen und Reiten. Linos, ein Sänger des Apollo, unterwies den Knaben in der Musik, lehrte ihn die Gesänge der Vorzeit und sang ihm von den Göttern, den Helden und ihren Schicksalen. Einen dieser Helden liebte Alkaios ganz besonders; ihm wollte er strebend nacheifern: es war sein Ahnherr Perseus.

Alkaios sollte auch das Saitenspiel lernen. Er machte aber ungeschickte Griffe, und Linos verspottete ihn. Jäh übermannte ihn der Zorn; das Blut schoß ihm in Kopf und Glieder, und er schlug den geliebten Lehrer mit der schildkrötenschaligen Leier. Dieser sank hin und war tot. Entsetzt schrie Alkaios auf, dann beugte er sich bitterlich weinend über den Toten.

Alkmene, das schwere Los des Knaben ahnend, empfand tiefen Kummer in ihrem Herzen. Alkaios mußte die Stadt verlassen. Der Pflegevater gab ihn einem Rinderhirten zur Obhut, der am Kithairongebirge seine Herden hütete.

Dort nun, fernab von den Menschen, wuchs Alkaios zum kräftigen Jüngling heran und diente dem gütigen Hirten. Nur mit einem Menschen noch lebte er zusammen, mit einem Priesterkönig, der von Zeit zu Zeit in die Gegend kam und ihn in göttlichen Dingen unterrichtete. Alkaios war gerade achtzehn Jahre alt, als ein Löwe in der Gegend auftauchte und raubend über die Herden herfiel. Mit einer Keule bewaffnet zog Alkaios aus und überwand ihn.

Als er einmal an der Straße die Herden hütete, zogen prächtig gekleidete Gesandte vorbei. Verwundert fragte Alkaios, woher sie kämen und was sie in Theben, seiner Vaterstadt, wollten. Gesandte waren es des Königs Erginos von Orchomenos, die alljährlich, den Schimpf der Stadt Theben erneuernd, hundert Ochsen als

Tribut forderten. Alkaios ergriff sie, band ihre Hände auf den Rücken, und schickte sie, übel zugerichtet, nach Orchomenos zurück mit dem Bericht: «Das sei der Tribut.» Daraufhin rüstete Erginos zum Krieg gegen den König von Theben. Auf diese Kunde begab sich Alkaios in die Stadt. Pallas Athene schenkte ihm die Waffen zum Kampf. Alle wunderten sich über den Ankömmling, der an Größe und Wuchs die Altersgenossen überragte, aus dessen Augen es wie Feuer leuchtete. Alkaios führte die vor der Übermacht zagenden Krieger im Kampfe an. Sein Mut befeuerte alle, und sie schlugen das feindliche Heer in die Flucht. Zum Lohne für seine Tapferkeit erhielt Alkaios die Tochter des Königs, Megara, zur Gemahlin.

Lange Zeit lebten sie glücklich miteinander in Theben und sahen zu ihrer Freude acht Kinder aufwachsen. Alkaios vollbrachte viele Heldentaten. Eine Zeitlang begleitete er auch Jason auf der Fahrt nach Kolchis, kehrte aber, zu andern Taten vorbestimmt, früh zurück.

Nun aber duldete Hera nicht, daß Alkaios sein Leben sorgenlos weiterführe.

Als er einmal am Altar stand, um den Göttern zu opfern, sandte sie die Göttin der Wut, seine Sinne zu verwirren. Schweigend, in schwarze Gewänder gehüllt, trat sie neben ihn. Ein Schauer erfaßte die Anwesenden; sie ahnten die Nähe einer göttlichen Wesenheit. Alkaios aber ward starr vor Entsetzen; dann zitterte und bebte er. Die Gedanken schwanden ihm und von einer rasenden Wut gepackt, riß er dem ältesten Sohn das Opfermesser aus der Hand, stach es ihm ins Herz und legte das Opfer auf die Altarflamme. In seiner Verblendung tötete er auch die andern Kinder und legte sie als Opfergabe auf den Altar. Dann sank er erschöpft zusammen, und die Göttin wich von ihm.

Gelähmt vor Schrecken, der Sprache beraubt, standen Megara,

Dienerinnen und Diener da. Alkaios erwachte wie aus einem schweren Traum. Langsam richtete er sich auf und erkannte, was er getan hatte. Schweigend schritt er aus dem Saal und verließ Haus und Stadt. Nur im Tempel von Delphi konnte ihm sein schwerlastendes dunkles Geschick gedeutet werden, konnte ihm gesagt werden, was zur Sühne seiner Tat notwendig sei. Die Priesterin, auf dem Dreifuß über der klaffenden Erdspalte sitzend, umschwebt von den aufsteigenden Dämpfen und den Düften des Weihrauchs, hielt die heilige Schale und den Lorbeerzweig in Händen und lauschte auf die Stimme des Gottes. Sie antwortete dem Fragenden: «Herakles sollst du fortan genannt sein, Tatenvollbringer zu Heras Ruhm und Ehre. Apollo heißt dich nach Mykenä gehen. Wenn du als Knecht des Königs Eurystheus zwölf Taten vollbringst, die er dir aufgeben wird, ist der Mord an deinen Kindern gesühnt.»

Nun schritt Herakles nach dem mauerumwehrten Mykenä. Er trat in den Königssaal, wo Eurystheus im Purpurmantel auf goldenem Throne saß. Der König erschrak, als er ihn kommen sah. Herakles sprach: «Ich bin gekommen, um dir als Knecht zu dienen. Wohlan, gib mir die Aufgaben, damit ich von der Blutschuld frei werde.»

Eurystheus ward es bange; am liebsten hätte er diesen Knecht weggeschickt. Da riet ihm ein Diener, Herakles auf die nemeischen Felder zu schicken, er solle den gefürchteten Löwen erlegen, der dort hause. Also befahl ihm Eurystheus, das Fell dieses Löwen zu bringen.

Herakles machte sich auf und kam in die Gegend, wo der Löwe hauste. Von Menschen und Vieh war sie verlassen. Nur in einer Hütte noch traf er einen alten Mann, der für seinen Sohn ein Totenopfer bereitete. Mitleidvoll fragte er, warum der Sohn gestorben sei. Der Greis erzählte, daß ihn der Löwe zerrissen habe. Da sprach Herakles zu dem Mann: «Verschiebe dein Totenopfer um dreißig Tage, bis ich zurückkomme; dann wollen wir es als Dankopfer den Göttern reichen. Bleibe ich aber weg, dann spende auch zu meinem Gedächtnis die Totengabe.» Mit diesen Worten verließ er den Alten. Bald stöberte er im Gehölz den Löwen auf, schlich ihm nach und traf ihn mit sicherem Pfeilschuß. Der Löwe aber blieb unverletzt und verschwand rasch im Dickicht. Herakles folgte ihm, verlor aber die Spur. Ratlos war er. Da erschien ihm Pallas Athene und sagte ihm, daß der Löwe in seine Höhle verschwunden sei, die zwei Ausgänge habe. Sie wies ihm den Weg und gab ihm auch den Gedanken, einen Eingang fest zu verstopfen. Als er dies ausgeführt hatte, schlich er sich zum andern hinein. Der Löwe brüllte vor Wut, seine grünen Augen funkelten, und mit einem Satz sprang er ihm aus dem Dunklen entgegen. Da halfen keine Waffen. Mit beiden Armen packte Herakles den Löwen, stemmte sich gegen ihn und würgte ihn mit eiserner Kraft, bis das Leben aus ihm wich. Er schleifte das Tier vor die Höhle und wollte ihm das Fell abziehen. Aber sein scharfes Schwert vermochte nicht, es zu ritzen. «Nur mit der Klaue des Löwen kannst du es tun», sagte Pallas Athene, die neben ihm stand. Auf diese Weise gelang es ihm, das Fell zu lösen. Er warf es über seinen Rücken; das Haupt des Löwen diente als Helm, die vorderen Pranken verknotete er über der Brust. So schritt Herakles mit dem feuerlohenden Fell bedeckt und mit geschulterter Keule heimwärts. Der dreißigste Tag war angebrochen, als er in die Hütte des Alten kam, und nun spendeten sie den Göttern ein Dankopfer.

Danach machte sich Herakles auf nach Mykenä und betrat geradewegs den Königssaal. Eurystheus wurde totenbleich, so schreckte ihn Herakles' Erscheinung. Bebend vor Angst verbot er ihm, je wieder den Palast zu betreten. Ein Bote würde ihm die Aufgaben überbringen, er solle warten vor der Stadtmauer, oder wo es ihm lieb sei.

Nach einiger Zeit überbrachte ihm Kopreus, der Bote, die Aufgabe, nach der Hydra zu suchen und sie zu töten. Die Hydra, durch Hera aus der Unterwelt gebracht, war ein neunköpfiges Schlangentier, von dessen Gifthauch Mensch und Vieh starben. Schlief es, so schwebte ein tödlicher Nebeldunst über ihm. Von den neun Köpfen war einer mit golden gleißenden Schuppen bedeckt und unsterblich. Herakles fuhr auf einem Wagen hinaus in die Sümpfe von Lerna, worin sich die schreckenverbreitende Riesenschlange aufhielt. Er durfte einen Begleiter mitnehmen und wählte Iolaos, seines Bruders Sohn. Die Hydra hatte sich im nahen bewaldeten Gebirge in eine Höhle verkrochen. Herakles schoß glühende Pfeile in den Eingang, bis die Schlange zischend herausfegte. Nun schwang er die Keule und zermalmte mit einem Schwung drei Köpfe; aber zu seinem Schrecken bildeten sich aus dem wässerig quellenden Blut an jedem Stumpen zwei neue Köpfe, und so geschah es mit jedem abgehauenen Kopf. Immer mehr Gewürm zuckte und schlängelte von allen Seiten um ihn her, so daß er sich kaum erwehren konnte. Da rief Herakles seinem Begleiter zu, er solle ein großes Feuer entfachen und mit glühenden Stämmen die Stumpen ausbrennen, wenn er die Köpfe abgeschlagen habe. Auf diese Weise wurde er der Schlange Meister. Nur das goldschuppige unsterbliche Haupt blieb übrig. Herakles holte mit dem Schwert zum Schlag aus, hieb das Haupt ab und wälzte blitzschnell einen Felsblock darauf. Nun, getrennt vom Haupte, verendete die Schlange.

Danach schnitt er der Schlange den Leib auf und tauchte seine Pfeile in das schwarz fließende Blut. Dieses war so giftig, daß die Pfeile fortan unfehlbar töteten.

112

Eurystheus mußte Herakles eine neue Aufgabe geben. Er ließ ihm durch den Boten sagen: «Daß du mit Kraft zu töten vermagst, hast du bewiesen; nun aber zeige, ob du auch ein geschickter Jäger bist und fange die Hirschkuh der Artemis.»

Die Hindin, schnell und unermüdlich im Rennen, hatte ein goldenes Geweih, eherne Läufe und hielt sich in dunklen Wäldern versteckt. Herakles scheuchte sie auf. Durch Wälder und über Berge floh sie vor ihm her. Immer ihr folgend, jagte er die leichtfüßig Eilende durch Thrakien, dann durch unbekannte Steppenländer, bis sie an einen großen Strom kamen, der heute Donau genannt ist. Vor dem tiefen Wasser scheute die Hindin und kehrte um. Verängstigt rannte sie vor Herakles her und verbarg sich, doch wurde sie durch den unermüdlichen Jäger von neuem aufgestöbert. Endlich kamen sie wieder in die heimatlichen Gegenden. Erschöpft sank die Hirschkuh im Hain der Artemis nieder. Herakles ergriff sie sanft und trug sie auf den Schultern zum Wald hinaus. Da erschienen ihm Artemis und Apollo. Zürnend zielte Apollo mit dem Pfeil auf den frechen Räuber. Herakles rief: «Nicht zürnet mir, ihr Götter! Wenn ich mich vergreife an dem, was euch heilig und geweiht ist, so tue ich es nicht frei, sondern als Knecht und Diener der göttlichen Hera.» Besänftigt steckte Apollo den Pfeil in den Köcher. Herakles überbrachte die ruhig schlafende Hirschkuh seinem Herrn. Eurystheus schenkte ihr die Freiheit, und mit leichten Sprüngen verschwand sie im Wald.

Diese Aufgabe sei zu leicht gewesen, meinte Eurystheus und befahl ihm, den erymantischen Eber lebendig nach Mykenä zu bringen. Dieser Eber hauste in einem wilden Schneegebirge. Von dort verwüstete er ganz Arkadien. Er war außergewöhnlich groß und hatte eiserne, tiefschürfende Hauer.

Auf der Jagd nach diesem Eber durchzog Herakles ein breites, grünbebuschtes Flußtal. Hier hausten an Bächen und munteren

Wasserfällen die Kentauren, die Liebhaber alles Fließenden. Herakles nahte sich einer Höhle, worin der Kentaur Pholos lebte. Der lud ihn gastfreundlich ein und bewirtete den hungrigen Jäger mit Fleisch, das er am Spieße briet. Herakles war durstig und bat Pholos, ihm etwas zum Tranke zu reichen. Dieser holte aus der Tiefe der Höhle ein Faß, das er vier Menschenalter zuvor von Dionysos erhalten hatte mit dem Rat, den Wein sorgsam aufzubewahren und dem vorbeistreifenden Herakles als Trank darzureichen. Jetzt öffnete er das Faß und gab Herakles zu trinken. Der Duft des köstlichen Weines verbreitete sich durch das ganze Tal, und von der Süße angelockt, versammelten sich viele Kentauren vor der Höhle und begehrten von dem funkelnden Wein. Pholos und Herakles wehrten die Zudringenden ab; diese holten Felsblöcke und Baumstämme und schleuderten sie gegen den Eingang, um mit Gewalt zu erzwingen, was ihnen verwehrt ward. Da geriet Herakles in flammenden Zorn. Er sprang auf, ergriff Bogen und Pfeile und trat den Kenturen drohenden Blicks entgegen, legte an und sandte einen Pfeil ab. Einer der Kentauren sank sterbend nieder. Nun flüchteten die andern, vom Schrecken erfaßt, das Tal hinauf und scharten sich, Schutz suchend, um den weisen, heilkundigen Chiron. Herakles verfolgte sie, schoß Pfeile nach ihnen und traf durch ein unglückliches Verhängnis Chiron mit einem seiner Pfeile. Chiron aber war unsterblich, und es begann für ihn ein qualvolles Siechtum. Herakles bemühte sich, ihm die Schmerzen mit Heilkräutern zu stillen, die er nach seiner Weisung suchte; aber sie verschafften keine Linderung. Bekümmert schied er von Chiron, um dem Eber nachzujagen. Als er an der Höhle des Pholos vorbeikam, fand er auch diesen tot. Pholos hatte sich gewundert, daß ein mächtiger Kentaur von solch einem kleinen Ding getroffen, sterben konnte. Er besah sich den Pfeil, der entglitt ihm und ritzte ihn, herabfallend, am Knie, so daß er starb.

Herakles stieg nun auf das Gebirge und scheuchte den wütigen Eber auf. Er wußte ihn so geschickt zu jagen, daß der Eber nicht talwärts fliehen konnte, sondern immer höher und höher stieg. Schließlich blieb ihm kein Ausweg mehr; der Eber rannte in den ewigen Schnee und blieb dort stecken. Herakles warf ihm eine Schlinge um den Kopf und fesselte ihn. Wütend grunzte der Eber. Dann lud er ihn auf den Rücken und schritt rüstig talwärts. Er kümmerte sich nicht um das Verbot des Eurystheus und brachte seinen Fang in den Königssaal. Als Eurystheus ihn mit dem wilden Tier eintreten sah, rannte er durch die hintere Tür hinaus und verkroch sich in ein Faß. Für den Spott brauchte er nicht mehr zu sorgen. Herakles brachte den Eber in den Tempel der Hera.

Als nächste Arbeit mußte er die Stymphaliden aus Arkadien vertreiben. Die Stymphaliden waren kranichartige Vögel mit eisernem Gefieder. Wenn sie, in den Lüften schwebend, ihr Gefieder schüttelten, fielen die Federn als Pfeilregen hinunter. Herakles ging in den Wald, wo die Vögel hausten, und fing an zu brüllen, so laut er konnte; aber die Vögel ließen sich dadurch nicht stören. Ratlos kehrte er um – da erschien ihm Pallas Athene und überreichte ihm zwei bronzene Klappern, die Hephästos mit eigener Hand für ihn geschmiedet hatte. Mit diesen machte er sich erneut an die Vögel heran und begann zu klappern, daß der Wald erhallte von dem gräßlichen, ohrenbetäubenden Lärm. Erschreckt flatterten die Vögel auf, erhoben sich kreischend in die Lüfte und flogen davon in östliche Gegenden.

Nachdem Herakles auch dieses Werk verrichtet hatte, sagte Eurystheus: «Jetzt will ich ihn eine rechte Knechtesarbeit ausführen lassen», und befahl, er müsse den Kuhstall des Augias in einem Tag säubern. Augias war ein reicher König im benachbarten Land, ein Liebling des Helios, und hatte von ihm zwölf schneeweiße, fleckenlose Rinder zum Geschenk erhalten. Ferner besaß er zweihundert purpurrote Rinder und dreihundert silbergehörnte. Diese Rinder alle hatte er nachts in einem viereckigen, hohen, gemauerten Gehege. Augias versprach seinen Rinderknechten hohen Lohn, betrog sie aber jedesmal auf schlaue Weise. Und so war es gekommen, daß ihm keiner mehr die Rinder hüten oder besorgen wollte. Die Kühe aber gaben solche Haufen Mist, daß sie nach kurzer Zeit mit den Köpfen über den Mauerrand hinausschauten. Ein gräßlicher Gestank verbreitete sich durch das Land. Diesen Mist nun sollte Herakles in einem Tag entfernen. Augias, froh, wieder einen Knecht zu haben, versprach ihm zum Lohn den zehnten Teil seiner Herde.

Pallas Athene gab ihm den Gedanken ein, wie der Stall zu säubern sei. Als erstes brach er mit der Keule Löcher in die Mauer auf einander gegenüberliegenden Seiten und zu ebener Erde. Darauf grub er zwei Graben zum Flusse Alpheios, der nahe vorbeirauschte. Der Flußgott Alpheios erlaubte dem Bittenden, sein Wasser abzulenken und durch den Stall zu leiten. Nun durchbrach Herakles den Damm, und das Wasser ergoß sich in das neue Bett, spülte den Stall alsgemach aus und floß durch den andern Graben dem alten Bette zu. Auf diese Weise war der Stall in kurzer Zeit reingespült. Am Abend forderte Herakles seinen Lohn. Augias aber bot nur Spott und sprach: «Wärst du ein freier Mann, dann könnte ich dir die Rinder geben; was aber wolltest du als Knecht mit ihnen anfangen?», und er verjagte ihn aus seinem Königreich.

Nun erhielt Herakles den Auftrag, die Stuten des Diomedes zu holen. Dazu durfte er zwei Gefährten mitnehmen, die ihm beim Verladen der Rosse auf das Schiff behilflich sein sollten. Herakles wählte Iolaos und Abderos. Sie fuhren übers Meer und landeten nachts an der ungastlichen Felsenküste Thrakiens im Königreich des Diomedes. Iolaos und Abderos blieben beim Schiff und warteten. Herakles schritt dem Stall zu, um die gefürchteten Stuten zu

entführen. Es war bekannt, daß Diomedes alle Fremdlinge, die sein
Land betraten, seinen Stuten vorwarf, denn sie fraßen nur Menschenfleisch und Schilfgras, welches ihnen unerschöpfliche Kraft
gab. Herakles drang in den Stall ein, bändigte die Tiere, zerbrach
die eisernen Ketten, womit sie festgebunden waren und führte die
Pferde zum Stall hinaus. Als der Morgen graute und die Pferde
auf das Schiff gebracht werden sollten, fingen sie an zu wiehern.
Diomedes hörte das und ließ sogleich nach den Pferden sehen. Als
er vernahm, daß sie gestohlen waren, sprengte er mit seinen Kriegern den Dieben nach. Herakles und Iolaos stellten sich Diomedes
zum Kampf. Abderos anerbot sich, derweil die Pferde zu hüten.
Aber sie fielen über den Jüngling her und zerrissen ihn. Darauf
sprengten sie in das Schlachtgewühl und töteten auch Diomedes,
ihren Herrn. Durch sein Blut aber wurden sie besänftigt. Als nun
die Krieger den Tod ihres Königs gewahr wurden, flohen sie.

Herakles errichtete dem Gefährten einen Gedenkstein, dann
zerstörte er, seinen Tod rächend, Stadt und Burg des Diomedes.
Danach fuhr er mit den Rossen nach Hellas zurück. Er übergab
die Stuten seinem Herrn, und dieser schenkte sie der lilienarmigen
Hera.

Nun wollte Eurystheus seinem gefürchteten Knecht eine schwere
und gefahrvolle Aufgabe geben. Er hatte gehört, daß auf der
Insel Kreta ein Stier rasend geworden war. Feuer schnob aus
seinen Nüstern, und er hielt Volk und König ununterbrochen in
Angst und Schrecken. Diesen Stier sollte Herakles fangen und
nach Mykenä bringen.

Herakles ließ sich in einem Schiff nach Kreta übersetzen und
meldete König Minos, dem der Stier gehörte, was ihm zu tun
befohlen war.

Minos, ein Liebling des Poseidon, hatte diesen prächtigen Stier
erhalten, damit er ihn dem Meergott opfere. Aber das Tier reute

Minos, und er opferte Poseidon einen andern, der ihm an Kraft und Schönheit ähnlich war. Der Meergott bestrafte den König und machte das aufgesparte Opfertier rasend. Es verbreitete gewaltigen Schrecken; niemand hatte bisher vermocht, ihm Schranken zu setzen. Nun kam Herakles. Der Stier senkte den Kopf bis zum Boden, als sich Herakles näherte, stampfte, brüllte und peitschte mit dem Schwanz, daß ganze Staubwolken aufwirbelten. Mit einem Satz sprang er auf Herakles los – der packte ihn mit eisernem Griff bei den Hörnern, brachte den wütig Stoßenden zum Stehen und drehte langsam seinen Kopf, bis der Stier auf die Knie ging. Da wurde er ganz zahm. Nun schwang sich Herakles auf seinen Rücken und lenkte ihn an den Hörnern zum Meeresstrand. Er trieb den Stier in die Flut und schwamm auf ihm durchs Meer bis nach Hellas. Erstaunt sah Eurystheus von der Zinne des Palastes den seltsamen Reiter nahen. Er befahl Herakles, den Stier als Weihegabe der Götterkönigin in den Tempel zu bringen. Hera nahm aber das Geschenk nicht an, und Herakles ließ den Stier wieder laufen. Alsobald wurde er wiederum von der Raserei gepackt und trieb sein Unwesen in Hellas, bis er einen neuen Meister fand, der ihn bezwang, und das war Theseus.

Jetzt wußte Eurystheus keine Aufgabe mehr. Da trat seine Tochter an ihn heran und bat: «Fordere, daß dein Knecht mir den Gürtel der Amazonenkönigin bringe.» Diese Tat hatte Herakles als neunte zu verrichten.

Begleitet von vielen Helden fuhr er mit einigen Schiffen nach der Insel der Amazonen. Die Amazonen waren streitlustige, kühne Frauen, die, in Männerkleidung auf schnellen Rossen reitend, Kriegskunst und Jagd ausübten. Sie regierten sich selbst, berieten über Krieg und Frieden und wurden im Kampf von einer Königin angeführt. Die Männer waren in diesem Königreiche nur dienende Knechte. Als Herakles gelandet war, schritt er auf die Burg zu und sagte der Königin, was ihn hergeführt habe. Sie antwortete: «Der Gürtel sei dein, wenn du ihn mir durch List oder Kraft rauben kannst.»

Es mißfiel Hera, daß Herakles den Gürtel so leicht erhalten sollte. In der Gestalt einer Amazone gesellte sie sich unbemerkt zu den Wartenden, entfachte den Streit, indem sie rief: «Der Eindringling will unsere Königin auf dem Schiff entführen!» Sofort griffen die Frauen zu Schwertern und Streitäxten; die einen eilten zu den Schiffen, die andern umstellten die Burg, so daß sich Herakles rings von Feindinnen umgeben sah, als er heraustrat. In hell loderndem Zorn schleuderte die Schwester der Königin als erste die Streitaxt gegen ihn. Herakles wich geschickt aus; dann sprang er auf sie zu, band ihr die Hände und ließ sie gefangen auf sein Schiff führen. Nun sprengten die Amazonen von allen Seiten kämpfend heran, und die wenigen Hellenen wären in große Not gekommen, hätte nicht Herakles unter ihnen gestritten. Wie ein Meer, aufgewühlt vom Sturm, tobte der Kampf hin und her. Doch die Reihen der Amazonen lichteten sich; sie erlagen der Kunst der kampfgeübten Männer oder wurden gefangengenommen. Gegen Abend gebot Herakles den Kämpfenden Ruhe und ließ die Anker lichten.

Nun kam die Königin herangesprengt, sah ihre liebe Schwester, ihre Freundinnen alle gebunden auf den Schiffen, und sie forderte kühn, daß Herakles die Gefangenen freigebe. Herakles trat auf das Hinterdeck des Schiffes und rief: «Wenn du mir als Lösegeld deinen Gürtel gibst und freiwillig mit uns nach Hellas ziehst, sollen alle deine Schwestern frei sein.» Darauf löste die Königin ihren Gürtel, brachte das Geschmeide selbst auf das Schiff und nahm Abschied von ihren Schwestern. Alsdann ließ Herakles die Segel aufziehen, und sie stachen in See.

Sie fuhren an der Küste des Königreiches Troja vorbei. Von den

Schiffen aus bemerkten sie Unruhe am Ufer. Eben sollte Hesione, die Tochter des Königs Laomedon, einem Meerungeheuer geopfert werden. Herakles stieg ans Land, begrüßte den bekümmerten König und erfuhr von ihm, wie das Unglück gekommen war. Der Tat seines Vorfahren Perseus gedenkend, erklärte er sich sogleich bereit, die Tochter zu retten. Laomedon versprach ihm dafür eine goldene Weinrebe, die er einst von Zeus zum Geschenk erhalten hatte.

Herakles kämpfte mit dem Ungeheuer, besiegte es und rettete so die Tochter vor dem frühzeitigen, schaurigen Tod. Laomedon war hoch erfreut, daß ihm seine Tochter wiedergeschenkt war. Den Befreier aber jagte er mit Spott und Hohn weg. Herakles schwor, sich an dem wortbrüchigen König zu rächen.

Darauf brachte er Eurystheus den Gürtel. Die Amazonenkönigin aber gab er Theseus als Preis für seine Tapferkeit im Kampf. Eurystheus' Tochter wagte nicht, den Gürtel für sich zu behalten; sie fürchtete die Kräfte, die er enthielt, und brachte ihn darum als Weihegabe in den Tempel der Hera.

«Auf der menschenbewohnten Erde gibt es keine Aufgabe mehr für meinen Knecht», sprach Eurystheus zum Boten, «drum soll er mir die Sonnenrinder des Helios hierher bringen».

Nachdem Herakles diese Aufgabe erhalten hatte, streifte er ratlos durch viele, viele Länder, bis er endlich an den Rand des Okeanosstroms kam. Da errichtete er zwei mächtige Säulen, Denkzeichen seiner Fahrt, die ihn weit ab von allen menschlichen Wohnstätten geführt hatte. Dann setzte er sich auf einen Stein und sann und wußte nicht, wohin er sich wenden sollte. Schon führte Helios seinen strahlenden Sonnenwagen zum Okeanos hinab, um nächtlicherweile in goldener Barke auf den Fluten des Urstromes gen Osten zu fahren. Geblendet vom Glanze sprang Herakles zornig auf und rief: «Dein Licht schmerzt mir im Auge!

Auch du hilfst, mein Geschick zu erschweren», ergriff Pfeil und Bogen und zielte nach dem Sonnengott. Helios besänftigte den Zornigen und fragte ihn, was ihn hergeführt habe. Herakles sprach: «Ich bin des Eurystheus Knecht und soll ihm deine Sonnenrinder bringen.» – «Nimm meine Barke, die wird dich zu dem Eiland bringen, wo meine Rinder weiden», sagte Helios. «Du mußt sie aber erkämpfen gegen den Hund und den dreileibigen Riesen, die sie bewachen.» Herakles stieg in den goldenen Kahn, und es war ihm, als würde er leicht der Erde enthoben.

Als er das Eiland erreicht hatte, stieg er auf einen Berg, um nach den Sonnenrindern Ausschau zu halten. Ein Meer weißschimmernder Wolken schwebte über ihm. Zu seinen Füßen lagen saftig grüne Weiden, in denen die rötlichen Rinder geruhsam grasten. Als Herakles sich ihnen näherte, sprang ein großer Hund auf ihn zu, kläffte und hinderte seine Schritte. Herakles erschlug ihn mit der Keule. Da ertönte es wie ein donnernder Chor: «Wer wagt es, frevelnd ins Land der Sonnenrinder zu dringen?» und der dreileibige Riese erhob sich. Herakles erschrak und bebte vor Furcht. Dicht hinter sich vernahm er auf einmal die wohlbekannte Stimme der Pallas Athene, welche ihm zurief: «Fürchte dich nicht, ermanne dich und entsende deine Pfeile!» Herakles zielte, und sirrend erklang die Sehne. Der Riese sank zusammen und war tot. Nun half ihm Pallas Athene die Rinder in den Kahn treiben, hieß ihn auch den Leib des Riesen mit hineinnehmen und einsteigen. Sanft sank die Barke, und das Eiland entschwand seinen Blicken. Am Ufer des Urstroms fand er Helios wieder, der auf ihn gewartet hatte. Herakles dankte ihm, darauf entfernte sich der Sonnengott mit der Barke.

Nun begrub Herakles den Riesen und zog mit den Rindern fort. Oft mußte er sich den Durchgang durch die Länder erkämpfen gegen die Völker, die dort wohnten. So kam er auch zu

einem Volk, dessen Häuptling, Britannos genannt, ihn gastfreundlich aufnahm. Seine Tochter Kelto entbrannte in Liebe zu Herakles
und versteckte seine Rinder. Erst wenn er sie zum Weibe nehme,
wollte sie die Tiere freigeben. Herakles verweilte einige Zeit bei
ihr. Als er weiterziehen mußte, schenkte er ihr zum Abschied einen
Bogen und sprach: «Wenn der Sohn, der uns geboren wird, zum
Manne herangereift ist und diesen Bogen zu spannen vermag,
wird er König werden über euer Volk.» Dies geschah auch, und
von da an gewährten die keltischen Könige Herakles göttliche
Verehrung.

Nachdem er ein hohes, schreckliches Gebirge überstiegen hatte
und lange gewandert war, kam er in ein saftig grünes Flußtal, in
dem sich sieben Hügel erhoben. Hier ließ er die Rinder weiden,
dann legte er sich in der Stille der Mittagshitze in den Schatten
eines Baumes und schlief ein. Da schlich ein Riese heran, stahl zwei
der Rinder, zog sie an den Schwänzen rückwärts in seine Höhle
und schloß den Eingang mit einem großen Felsblock zu. Als Herakles erwachte, merkte er, daß zwei Rinder fehlten. Er suchte sie
und fand bald eine Spur. Die führte aber zu seinem Erstaunen
von einer Felswand weg. Er folgte ihr aufs neue und kam wieder
zu der weidenden Herde, aber die verlorenen Rinder konnte er
nicht unter ihr finden. Betrübt über den Verlust trieb er die übrigen zusammen und zog mit ihnen weiter. Als er mit der Herde
an der Felswand vorbeikam, ertönte tief im Berg ein wohlbekann-
tes Muhen. Staunend gewahrte er nun den vorgeschobenen Felsblock. Mit all seiner Kraft wälzte er ihn weg und sah sich am Eingang einer tiefen Höhle. Ein Riese trat ihm entgegen und forderte
ihn auf, sich mit ihm zu messen. Sie kämpften miteinander, und
Herakles überwand den Unhold. Danach konnte er die zwei entführten Rinder befreien. Als er weiterziehen wollte, kamen die
Bauern des Flußtales mit Lorbeerzweigen geschmückt und begrüß-

ten Herakles als ihren Befreier. Sie errichteten einen Altar, opferten Zeus und gelobten, Herakles fortan an diesem Altar mit göttlichen Weihen zu ehren. Herakles dankte ihnen und sprach: «Den Männern, die mir an diesem Altar Weiheopfer darbringen, soll meine Kraft zufallen. Überall, wo ich auf meinen Fahrten hingekommen bin und gekämpft habe, sollen sie zur Herrschaft gelangen.» Dann zog er weiter.

Nun erreichte er das Meer und wollte mit den Rindern nach Hellas übersetzen. Da lief ihm ein Tier weg und schwamm auf eine nahegelegene Insel, Sizilien genannt, hinüber. Während er das Entlaufene einholte, hütete ihm Hephästos die Herde. Herakles mußte mit dem König von Sizilien im Ringkampf sich messen, dann erst erhielt er das entlaufene Rind zurück.

Als er endlich nach Hellas kam und ans Land stieg, schickte Hera eine Bremse, welche die Tiere zwischen die Augen stach. Der Schmerz machte sie rasend, und sie entliefen in alle Windesgegenden. Nur unter größten Mühen und Anstrengungen gelang es Herakles, sie einzufangen.

Nachdem er sie alle wieder beisammen hatte, trieb er sie nach Mykenä. Eurystheus war über alle Maßen erstaunt über Herakles' Rückkehr und opferte die Rinder seiner göttlichen Beschützerin.

Er befahl Herakles als neue Aufgabe, die goldenen Äpfel der Hesperiden zu holen. Damit hoffte er, ihn zu ewiger Irrfahrt zu verdammen. – Wo die Hesperiden zu finden seien, war den Sterblichen unbekannt. Im hohen Norden, so ging die Sage, jenseits der eisigen Winde, sei ein paradiesischer Garten, in dem Zeus mit der Götterkönigin Hera das Hochzeitsfest gefeiert hatte. In diesem Garten war ein Baum gewachsen, der trug goldene Äpfel, die Äpfel der Liebe, ein Hochzeitsgeschenk der Erde. Er wurde von vier Jungfrauen, den Hesperiden, gehütet und von ihrem Bruder, einem vielköpfigen schlummerlosen Drachen, bewacht.

Suchend und fragend zog Herakles von Land zu Land. Endlich nahmen sich die Nymphen des unermüdlichen Suchers an; sie verrieten ihm neckend in Rätseln, daß der Meergreis Nereus ihm Antwort geben werde, wenn er geduldig genug sei. Er fand den Alten in seiner Höhle, der kühlen, blauschimmernden, und stellte ihm die Frage: «Wo kann ich die Äpfel der Hesperiden finden?»

Statt ihm Antwort zu geben, verwandelte Nereus seine Gestalt. Eine Flamme lohte auf, wo er gestanden hatte. Als Herakles schnell sie ergreifen wollte, floß ihm ein Wasserguß zwischen den Fingern hindurch. Herakles bückte sich danach und stellte von neuem die Frage. Der Gefragte verwandelte sich in einen Fisch, dann hob er sich als Vogel in die Luft, aber Herakles fragte unermüdlich und suchte ihn zu fassen, bis Nereus Mitleid empfand und sich ihm gefangen gab. Er erschien ihm jetzt in Menschengestalt mit bläulichen Haaren und bläulich wallendem Bart. Herakles fragte ihn rasch: «In welchem Land sind die Äpfel der Hesperiden zu finden?» Nereus antwortete mit wohlklingender Stimme: «Im Paradies.» – «Wo kann ich das Paradies finden?» – «Im letzten Land.» – «Wo muß ich das letzte Land suchen?» – «Auf der ganzen Erde», sprach Nereus und verschwand in den kühlen Fluten.

Nun machte sich Herakles von neuem auf die Wanderschaft. Er kam wieder an die Säulen, die er errichtet hatte und bemerkte, daß das Land jenseits der Meerenge auch bewohnt war. Er schwamm hinüber und sah große Kornfelder, die im Winde hin und her wogten, gleich einem goldenen Meer. Bäume standen da, die trugen Blüten und Früchte zugleich. Es war ein Land der Üppigkeit und Hitze; selbst die Menschen waren von der Sonne dunkel gebräunt. Hier regierte Antaios, ein brauner Riese. Poseidon war sein Vater und zur Mutter hatte er die Erde selbst, die allen die Kräfte gibt, aber von keinem Geschöpf bezwungen werden kann. Mit diesem Erdensohn mußte Herakles ringen. Wenn der Riese durch Herakles in die Luft gehoben wurde, verlor er an Stärke, kam er wieder mit der Erde in Berührung, wurde er von unüberwindlicher Kraft erfüllt. Das bemerkte Herakles. Deshalb hob er ihn in die Höhe und kämpfte mit ihm, indem er ihn zugleich mit beiden Armen trug. Da es Abend wurde, nahm er alle Kräfte zusammen, denn er befürchtete, die Nacht mache den Riesen noch stärker. So gelang es ihm, den Sohn der Erde zu besiegen. Erst als dieser tot war, legte er ihn auf die Erde nieder und begrub ihn.

Vom Kampf ermüdet, streckte er sich aus, deckte sich mit der Löwenhaut und schlief ein. In der Nacht kamen die Pygmäen, die zwerggestalteten Brüder des Erdensohns, und zwickten und zwackten den Schläfer. Als er erwachte, wähnte er, in einem Ameisenhaufen geschlafen zu haben. Er stand auf, schüttelte sich lachend, klopfte auch seine Löwenhaut tüchtig aus und wanderte weiter.

Da kam er in das Stromtal des Nil, nach Ägypten, dem wundersamen Land mit den Tempeln und Pyramiden; er stieg in das Hochland von Persien, wo die Hirten auf den Berggipfeln Feuer entzündeten und das rotglänzende Licht göttlich verehrten, er zog hinunter in die volkreichen Niederungen Indiens und kam in das Land des Sonnenaufgangs, immer den Baum der Hesperiden suchend. Dort kehrte er um und durchstreifte die Welt nach Mitternacht zu. Auf seiner Wanderung kam er am Kaukasusgebirge vorbei, wo Prometheus noch an den Felsen geschmiedet schmachtete. Eben kreiste der Adler in den Lüften.

Herakles ward von Mitleid ergriffen und rief Zeus flehend an: «Vater, gestatte mir, daß ich Prometheus befreie!» Donnernd antwortete Zeus vom hohen Olympos. Sogleich spannte Herakles den Bogen, zielte und traf den Adler, der stürzend niedersank.

Sterbensmatt fühlte sich Prometheus und konnte doch nicht sterben. Er sprach zu Herakles: «Wenn einer sein Leben für mich hingeben wollte, dann könnte ich wieder zu Kräften kommen.»

Nun erinnerte sich Herakles der Qualen Chirons und ließ ihn rufen. Der Kentaur gab gerne sein Lebenslos für Prometheus hin und ging freiwillig an seiner Statt ins Schattenreich. Prometheus lebte nun, seiner Fesseln befreit, mit neuen Kräften weiter. Der Weitschauende und Vielwissende sprach zu Herakles: «Du Weithinschweifender, ich will deiner Irrfahrt ein Ende bereiten; schreite unentwegt dem Nordwind entgegen, dann wirst du zum letzten Land am Okeanosstrom gelangen. Dort wirst du meinen Bruder finden, der das Himmelsgewölbe trägt. Bitte ihn, und er wird dir die drei goldenen Äpfel aus dem Garten der Hesperiden holen. Dir aber ist es verwehrt, den Garten zu betreten.»

Also wanderte Herakles der Heimat des Nordwindes zu. Jenseits der Grenze menschlicher Heimstätten, in schauerlicher Einsamkeit und grimmiger Kälte traf er den Riesen Atlas, einen Bruder des Prometheus. Der kniete auf einem Berg und trug im Nacken das Himmelsgewölbe. Herakles trat zu ihm hin und brachte ihm seine Bitte vor. «Wenn du derweil an meiner Statt das Himmelsgewölbe trägst, werde ich für dich die Äpfel holen», antwortete Atlas. Da kniete Herakles nieder und nahm den Himmel auf seine Schultern. Der Riese entfernte sich und kehrte bald mit den goldenen Äpfeln zurück. Lachend sprach er zu Herakles: «Jetzt trage du für mich den Himmel, ich aber will die Welt durchstreifen.»

Herakles sprach zu dem Alten: «Noch einen Augenblick übernimm den Himmel, damit ich mir ein Polster auf die Schultern legen kann, die Achseln schmerzen mich.» Atlas legte die Äpfel auf die Erde und übernahm die Last wieder. Befreit reckte sich Herakles und sprach: «Kraft hast du, das Himmelsgewölbe zu tragen, aber es fehlt dir an Weisheit, um in der Welt zu bestehen. Trage du weiterhin den Himmel und überlaß es mir, die Welt zu durchstreifen, so wie es die Götter beiden bestimmt.»

Mit diesen Worten ergriff er die Äpfel und machte sich auf den Heimweg. Alle erstaunten, als Herakles wieder in Mykenä eintraf. Auf der flachen Hand zeigte er Eurystheus die Äpfel. Der wurde von ihrem Goldglanz so geblendet, daß er sich mit schmerzenden Augen wegwendete. Herakles überreichte die Äpfel Pallas Athene, und die Göttin brachte sie den Hesperiden zurück.

Lange sann Eurystheus über die letzte Aufgabe. Was ihm auch einfiel, schien ihm zu leicht. Schließlich kam ihm etwas in den Sinn, an das man schaudernd selbst nur denken konnte: er befahl ihm, in die Unterwelt zu steigen und Kerberos, den Wächterhund des Totenreichs, lebendig gefangen nach Mykenä zu bringen.

Vor dieser Aufgabe schauderte selbst Herakles zurück. «Zeus», rief er mit mächtiger Stimme, «keine Aufgabe ist zu verrichten mir zu schwer dort, wo dein Licht mir scheint; wo es aber fehlt, schwindet mir alle Kraft dahin.»

Zeus sandte dem Zagenden seine Tochter Pallas Athene zu Hilfe. Sie nahte ihm und sprach: «Wenn du diese Aufgabe erfüllt hast, wird nichts mehr sein auf der Welt, das dir Furcht bereiten kann. Du Allesüberwinder wirst frei sein für immer.» Sie geleitete ihn nach Eleusis. Dort ließ sich Herakles durch Priester unterweisen, damit er vorbereitet und würdig die Schwelle des Hades überschreite. Dann trat er den Weg in die Unterwelt an. Athene führte ihn zu einem Gebirge, das weit ins Meer hinausragte. Dort, in einer Höhle, worin salziges und süßes Wasser sich mischte, war einer der Eingänge zur Unterwelt. Sinnend schritt Herakles hinein. Hermes empfing ihn stumm und geleitete ihn. Die Höhle verengte sich zu einem dunklen Gang. Es war ihm, als schritten sie immer tiefer und tiefer hinab.

Nahe am Eingang traf er Theseus, der in frevelndem Übermut mit Peirithoos eingedrungen war, um Persephoneia zu rauben. Flehend streckte er ihm die Hände entgegen. Herakles berührte den zwischen Leben und Tod Festgehaltenen und befreite ihn. Als er aber Peirithoos befreien wollte, erbebte donnernd der Fels, auf dem er saß, und gab ihn nicht her.

Als Herakles weiter schritt, weitete es sich vor ihm. Er trat auf ein Feld, das in grauem Dämmerschein lag. Aus dem neblig kalten Grau tauchten schroffe Berge und zackige Felsen hervor. Nichts Grünes war zu sehen und nichts Atmendes, kein lebendig rauschendes Wasser war zu hören; eine Stille herrschte, daß er sein Blut hämmern hörte und über seinen eigenen Schritt erschrak. Die Wanderer gelangten an den dunklen Fluß der Unterwelt und Charon der Totenferge setzte sie, einem Wink Hermes' gehorchend, bedächtig über. Am jenseitigen Ufer begegnete Herakles den Seelen der Verstorbenen. Schattenhaft näherten sich ihm manche, andere mieden ihn. Unter den Helden der Vorzeit trat auch Meleagros zu ihm und flehte ihn an, sich seiner Schwester Deianeira anzunehmen, die sich einsam fühle im Lichtreich. Darauf erschien ihm Medusa. Rasch zückte er das Schwert; besänftigend deutete Hermes, daß es nur ihr Schatten sei, den er gewahre.

Durch ein dunkles Tor gelangte er vor den Herrscher der Toten. Ernst und würdevoll saß Hades auf dem Thron. Ein dunkelroter Mantel, mit schwarzen Flammen verziert, fiel von seinen Schultern bis auf die Stufen des Thrones. Blaß war sein Gesicht und schwarz die wallenden Haare, auf denen eine goldene Krone prangte.

Herakles verneigte sich stumm und richtete seinen Auftrag aus. Hades erlaubte ihm, den Kerberos nach Mykenä zu bringen, wenn er ihn ohne Waffen fangen könne.

Auf dem Rückweg traf Herakles auf den dreiköpfigen Höllen-

hund. Der kläffte, als er den Fremdling sah, daß die schauerliche
Öde erhallte, und spie Gift und Galle. Furchtlos schritt Herakles
auf ihn zu, umfaßte die drei entsetzlichen Köpfe mit raschem
Griff und würgte das Tier; der Schwanz mit dem Drachenkopf
wand sich und biß Herakles ins Bein. Aber immer kräftiger drückte
er, bis der Hund nur noch kläglich winselte. Dann ließ er ihn los.
Kerberos duckte sich und leckte ihm wedelnd die Füße. Darauf
band er ihn mit starken Fesseln, ergriff seine Waffen und schritt
der Lichtwelt zu. Am Ausgang der Höhle entließ ihn Hermes.

Als Herakles in das glutende Sonnenlicht trat, wand sich der
Hund in der Fessel, sperrte und stemmte mit allen vieren und
heulte laut auf vor Schmerz. Schwarze Galle geiferte ihm aus dem
Rachen; daraus erwuchs die Schierlingspflanze mit ihrem tötenden
Gift. Wie auch der Hund sich sträubte, Herakles zog ihn mit.
Einem Lauffeuer gleich verbreitete sich die Kunde seiner Rückkehr. Eurystheus, vor Furcht und Schrecken erbebend, befahl
seinen Kriegern, den Herannahenden mit Waffengewalt zurück-
zuweisen.

Als Herakles an die Grenze des Königreiches kam, wurde ihm
der Eintritt verwehrt. Da ließ er den Höllenhund los. Aufklaffte
da die Erde und verschlang ihn. Dort, wo der Hund in die Unterwelt gefahren war, sprudelte eine Quelle hervor, die erhielt den
Namen Hundsbrunnen. Von diesem Wasser tranken in späteren
Zeiten die freigewordenen Sklaven zur Erinnerung an Herakles,
der durch diese Tat sich die Freiheit errungen hatte.

Nachdem die Sühne vollbracht war, schritt Herakles heim nach
Theben. Nicht konnte er mit seiner Gemahlin Megara zusammenleben, ohne an seine verhängnisvolle Tat erinnert zu werden. Deshalb vermählte er sie mit seinem Freund und Begleiter Iolaos. Er
selbst aber zog weiter in der Welt umher.

Herakles versammelte nun zahlreiche Jünglinge um sich und fuhr mit vielen Schiffen nach Troja, um Laomedon zu strafen, der ihn um den versprochenen Lohn betrogen hatte.

Am Strand von Troja ließ er eine kleine Besatzung bei den Schiffen zurück. Mit den übrigen Helden drang er vor bis zur mauerumwehrten Feste. Es gelang ihnen, in die Stadtmauer eine Bresche zu schlagen. Telamon erstieg sie als erster. Ihm fiel deshalb der Preis der Einnahme zu. Als Herakles dies sah, ward er jäh vom Zorn übermannt und zückte das Schwert gegen seinen Freund. Telamon bemerkte es, ergriff schnell einen Stein und rief laut: «Ich baue Herakles, dem Siegreichen, einen Altar.» Dadurch wurde Herakles besänftigt. Die Helden drangen nun kämpfend in die Stadt ein, und im Kampfe fielen Laomedon und seine Söhne. Hesione, die er einst gerettet hatte, wurde mit vielen Frauen und Kindern gefangengenommen. Herakles erlaubte ihr, aus der Schar der Gefangenen einen Diener zu wählen. Sie wählte ihren jüngsten Bruder.

Dieser, ein Knabe noch, zu jung zum Kampfe, war als einziger Sohn Laomedons am Leben geblieben. Gerührt von der Geschwisterliebe, sprach Herakles: «Wohl habe ich dir erlaubt, einen zu wählen aus der Schar; du hast es getan, dabei bleibe es; aber ein Königssohn darf nicht dienen, kaufe ihn denn frei.» Da löste Hesione ihren goldenen Stirnreif und den Schleier und überreichte beides Herakles als Preis. Der Bruder erhielt von da an den Namen Priamos, das heißt der Losgekaufte. Er wurde später König in Troja, und gegen ihn zogen die Hellenen nachmals in den Kampf zehn Jahre lang.

Auf der Heimfahrt erhob sich ein gewaltiger Sturm. Das Schiff, welches Herakles steuerte, zerschellte. Er rettete sich mit den Gefährten schwimmend auf die nahe Insel Kos. Als sie das Eiland betraten, stellten sich ihnen Krieger entgegen. Herakles wollte die

Keule schwingen, aber er fühlte sich wie gelähmt, kraftlos war sein Arm. Er mußte vor den Feinden weichen und in ein Haus flüchten. Die gastlichen Leute nahmen ihn auf, zogen ihm Weiberkleider an und hielten ihn verborgen.

Das alles aber war ein Werk der Hera. Heimlich hatte sie den Schlafgott gerufen. Er näherte sich hinterrücks dem Göttervater, so daß er schläfrig wurde, dann träufelte er ihm Mohnsaft in die Augen, und Zeus fiel am hellen Tag in tiefen Schlaf. Dadurch schwand Herakles die Kraft. Wie er nun verkleidet im Versteck wartete, schickte Hera den Schlafgott weg, weckte Zeus und rief hohnlachend: «Sieh dort deinen Sohn! Er dient mir in Weiberkleidern!»

Als Zeus dies sah, flammte der Zorn in ihm auf. Unsanft ergriff er Hera, fesselte sie an Händen und Füßen, hängte sie an goldenen Ketten in den Luftraum und band zwei Ambosse an ihre Füße. Der Schlafgott konnte ungestraft zu seiner Mutter, der Nacht, entweichen. Herakles aber gab er die volle Kraft zurück. Der zerriß die Weiberkleider, ergriff Löwenfell und Keule, trat zornentbrannt den Kriegern entgegen und schlug sie in die Flucht. Danach fuhr er auf einem Schiff nach Hellas.

Hephästos, in die Listen der Hera verstrickt, näherte sich der zornig Scheltenden und suchte sie zu befreien. Zeus bemerkte es. Er ergriff ihn und schleuderte ihn vom Olymp auf die Erde nieder, daß er einen ganzen Tag durch den Luftraum sauste. «So ergeht es jedem, der sich wider mich erhebt!», rief der Götterkönig.

Diesen Zwist der Götter machten sich die Giganten zunutze. Das waren erdgeborene Riesen, die noch aus der Zeit des Uranos herstammten. Langes, dichtes Haar wallte von ihrem Haupt und Kinn; statt der Arme hatten sie Flügel wie Fledermäuse und an Stelle der Füße stützten sie sich auf beschuppte Drachenschwänze. Diese Giganten wollten jetzt den Götterberg erstürmen und die

Himmlischen entthronen, um sich selber zu Fürsten der Welt zu machen. Mit Felsblöcken und brennenden Baumstämmen versammelten sie sich auf einem Feld in Thessalien und versuchten, den Aufstieg auf den Olymp zu ertrotzen.

Angesichts dieser Gefahr hörte jeglicher Zwist unter den Göttern auf. Zeus gebot Pallas Athene, Hera zu befreien und die Ketten zu lösen. Alle Götter rüsteten sich zum Kampf wider die Aufrührer der Ordnung. Zeus schleuderte Blitz und Donner gegen die Anstürmenden, Apollo entsandte seine Pfeile, Poseidon bewegte seinen Dreizack, daß die Erde bebte, das Meer wallte und wogte und die Ufer überflutete. Alle Elemente waren entfesselt und mischten sich tobend in den Kampf. Aber die Giganten waren gefeit gegen die Waffen der Götter und nicht verletzbar durch sie. Nur durch die Hand eines mutigen Menschen konnten sie verwundet werden, so lautete ihr Schicksalsspruch. Der größte der Giganten erkühnte sich und rief höhnend, Hera solle herunterkommen, er werde sie heiraten und als Königin der Erde heimführen. Zeus schleuderte einen Blitzstrahl gegen den frechen Werber, daß er umstürzte. Wie er aber die Erde berührte, gab sie ihm neue Kraft, und er erhob sich wieder. Da befahl Zeus, Herakles zu holen. Pallas Athene eilte zu ihm, ergriff den Helden bei der Hand und versetzte ihn auf den Götterberg. Dort bestieg er den Wagen des Zeus, Pallas Athene ergriff die Zügel, und Herakles schoß seine vergifteten Pfeile nach den Giganten.

Nun aber ward es der Erde bang, als sie ihre Söhne stürzen sah. Schnell ließ sie ein Zauberkraut hervorsprießen, das die Nachtgeborenen vor Herakles' Giftgeschossen schützen sollte. Da ließ Zeus die Sonne versinken und verbot Mond und Sternen, zu scheinen, so daß nichts wachsen konnte. In Gestalt eines Adlers schoß er auf die Erde, hackte das Kraut aus und trug es auf den Olymp. Im Finstern kämpfend, errangen die Götter den Sieg durch die Hilfe des unermüdlichen Herakles. Als aller Kampf ruhte, die Elemente in ihre Schranken zurückgetreten waren, winkte Zeus der Sonne, und strahlend trat sie hervor. Da zerfielen die Leiber der Giganten und wurden eins mit ihrer Mutter, der Erde. Nun feierten die Götter ein Siegesfest. Herakles tanzte im Reigen mit den Himmlischen. Sie schenkten ihm die Unsterblichkeit und nahmen ihn in den Kreis der Olympier auf.

Nach dem Kampf mit den Giganten suchte Herakles seinen alten Freund Admetos auf. Diesem König, ihrem Liebling, hatten die Götter beim Hochzeitsfeste mit der schönen Alkestis versprochen, wenn Thanatos, der Tod, ihm dereinst mit gesenkten Fackeln nahe, ihn zu holen, werde sein Leben verlängert, wenn ein anderer Mensch freiwillig dem Tode folge.

Das Glück der beiden Gatten dauerte nur kurze Zeit. Allzubald erschien Thanatos und mahnte Admetos, sich zum Scheiden bereit zu machen. Niemand fand sich, der für ihn sterben wollte; nicht einmal seine hochbetagten Eltern verzichteten dem Sohn zu Liebe auf ihre wenigen Tage. Da entschloß sich Alkestis, für ihn in die Unterwelt zu gehen, und reichte dem Tod die Hand. Nun vermochte Admetos durch kein Bitten und Flehen mehr sie zurückzuhalten. Sie bereitete sich vor auf den langen Schlaf, schmückte sich, nahm Abschied von allen und starb.

Zu der Zeit kam Herakles ins Haus seines Freundes. Ein Diener sagte ihm, Admetos sei fortgegangen. Herakles ließ sich bewirten, schmückte sich, wie es Sitte war, und begann zu trinken. Doch wunderte er sich über die bekümmerten Gesichter der Diener und fragte den ältesten, warum niemand mit ihm zeche. Da sagte er ihm, daß Alkestis gestorben sei, Admetos trauernd sich in seiner Kammer eingeschlossen habe, und daß die Totenopfer für den nächsten Tag bereitet würden. Herakles war betrübt, daß er die

Trauer seines Freundes unwissend mißachtet und die Stille des Todes gestört hatte. Er sprach: «Noch sind die Opfer, wie du sagst, nicht gespendet, noch ist es nicht zu spät; ich gehe und hole Alkestis zurück.» Er ließ sich durch den Diener zur Grabkammer geleiten. Dort lag Alkestis inmitten von Blumen aufgebahrt. Zu Füßen saß Thanatos, ein schwarzbeflügelter Jüngling, der mit traurigem Blick die Schöne betrachtete. Nicht achtete er des Eintretenden, da er sich vor den Blicken der Sterblichen unsichtbar wußte. Herakles aber sah ihn und schritt auf ihn zu, faßte ihn an und forderte Alkestis zurück. Da Thanatos sich weigerte, sie freizugeben, rang Herakles mit ihm und überwand ihn. Thanatos verschwand, und sogleich öffnete Alkestis ihre Lider, ihre Wangen röteten sich, und sie richtete sich verwundert auf. Herakles half ihr auf die Füße zu stehen und umhüllte sie mit Schleiern. Danach geleitete er sie ins Haus des Admetos zurück. Er bat Admetos, auf die Verhüllte weisend, er möge als sein treuer Freund, diese Frau bei sich aufnehmen und beschützen, bis er wiederkomme. Admetos sprach traurig: «Ach, bringe sie zu einem andern Freund; sie gleicht in ihrer Gestalt so vollkommen meiner hingeschiedenen Gefährtin, daß bei ihrem Anblick mir nur Schmerz und Trauer erneuert werden.» Nun lüftete Herakles die Schleier, und freudig erschrokken fielen sich Admetos und seine Gattin in die Arme. Dann spendeten sie den Göttern reiche Dankopfer. Als am dritten Tag Alkestis die Sprache wieder erhielt, war ihr Glück vollkommen, und Herakles schied von seinem Freund.

Nun sammelte er ein Heer und bekämpfte Augias, der ihn um den versprochenen Lohn geprellt hatte, und schlug ihn in die Flucht. Denn wo immer ein König ungerecht und gewalttätig regierte, zog er hin und bekämpfte ihn. Wenn einer den Königsthron durch Raub an sich gerissen hatte, entthronte er ihn und gab die

Herrschaft dem rechtmäßigen König zurück. Wo Herakles hinkam, bekämpfte er auch die Ungeheuer in ihren Höhlungen, von wo sie Schrecken und Verderben über die Menschen brachten. In ganz Hellas errichtete er eine Wohlordnung, die ein Abbild war der Ordnung und der Herrschaft des Götterkönigs. Zeus zu Ehren erbaute er auch eine Stadt. Er nannte sie Olympia. Auf dem weiten Felde, das sich neben der Stadt ausdehnte, pflanzte er Bäume und errichtete zwölf Altäre zur Ehre der Götter. Auch stiftete er Wettspiele, die fortan auf diesem Felde zu bestimmten Zeiten von den tapfersten Söhnen der Hellenen abgehalten wurden, zu Ruhm und Preis des Kroniden.

Um Herakles versammelten sich zum ersten dieser Spiele viele kampflustige Helden. Iolaos siegte im Wagenrennen, andere im Lauf, im Diskus- oder Speerwerfen; niemand aber wollte sich mit Herakles im Ringkampf messen. Da trat ein unbekannter Mann aus den Reihen und fing mit ihm zu ringen an. Herakles erstaunte: solch einen Gegner hatte er noch nie gefunden. Welche Listen er auch anwendete, er konnte ihn doch nicht bezwingen. Der Kampf dauerte schon viele Stunden. Herakles strengte die letzten Kräfte an – da endlich sank der Gegner auf das Knie. Wie das Branden des Meeres toste der Freudenruf der Menge. Nun aber schwang sich vor Herakles ein mächtiger Adler in die Lüfte. Jedermann ward von Staunen ergriffen: Zeus selber hatte mit Herakles gekämpft.

Auf der Insel Euboia lebte Eurytos, ein Meister im Bogenschießen. Er prahlte, er könne selbst Apollo, seinen Lehrer, übertreffen; wer ihn besiege, dem gebe er seine Tochter zum Preis. Diesen König suchte Herakles auf und schoß mit ihm um die Wette. Der zürnende Gott trübte dem Prahler den Blick, als er zielte, so daß er nur ein näheres Ziel in die Augen fassen konnte und von Herakles weit übertroffen wurde. Nun aber verweigerte Eurytos dem Sieger die Tochter und höhnte: «Wie kann ich einem, der Knechtsdienste leistete, meine Tochter zur Frau geben? Wird er, wenn sie ihm Kinder gebiert, diese nicht auch im Zorne schlachten?» Herakles, aufs tiefste gekränkt, bändigte seinen Zorn und entfernte sich schweigend; er wähnte, ein Gott habe dem Spötter diese Worte auf die Zunge gelegt. Des Eurytos Sohn Iphitos aber hatte Herakles lieb und schalt seinen Vater.

Bald danach wurden Eurytos zwölf Stuten gestohlen. Er verdächtigte Herakles des Diebstahls. Iphitos, die Unschuld seines Freundes bekräftigend, sprach: «Ich werde gehen und die Stuten suchen.» Als er sie nicht finden konnte, wanderte er nach der hochgelegenen Burg Tiryns, wo Herakles sich aufhielt, denn er hatte sich von allen Menschen zurückgezogen. Die Hohnworte des Eurytos hatten ihn schwermütig gemacht. Dumpf brütend sann er seinem schwerlastenden Geschick nach. Nun trat der junge Iphitos zu ihm und erzählte dem Helden, warum er gekommen sei. Herakles anerbot sich, die Stuten suchen zu helfen. Sie bestiegen zusammen die Burgzinne, um nach den Tieren Ausschau zu halten. Als Herakles auf der Mauer neben Iphitos stand, benutzte Hera den Augenblick und senkte wiederum Wahnsinn in Herakles' Seele. Der große Dulder, außer sich, gab seinem ahnungslosen Freund einen Stoß, daß er über die Mauer stürzte und zu Tode fiel. Als das geschehen war, kam Herakles wieder zu sich.

Viel mehr noch als der Tod seiner Kinder bedrückte ihn, was er jetzt getan hatte. Zeus selber schickte ihm eine Krankheit, und er lag aller Kräfte beraubt darnieder. Als er nach langer Zeit wiederum genesen war, ging er nach Delphi. Mit verdüsterter Seele und von Groll gegen die Götter erfüllt, die solch schweres Geschick ihm aufluden, betrat er den Tempel. Aufschreiend rief die Priesterin: «Wehe, welch ein Rasender betritt den Raum. Apollo offenbart sich ihm nicht!» – «Wenn Apollo mir, dem Bejammernswürdigen, seine Weisheit verschließt, dann ist er nicht der Gott, den Menschen die Schicksale zu künden!», rief Herakles in seinem Schmerz, ergriff den heiligen Dreifuß und schritt voll Zorn aus dem Tempel, um eine neue Orakelstätte zu gründen. Vor dem Tempel trat ihm Apollo entgegen. «Warum verfolgst du mich?» fragte Herakles, und die beiden Zeussöhne rangen miteinander. Da griff Zeus selber ein, trennte die Kämpfenden durch einen Blitzstrahl und rief mit Donnerstimme: «Herakles, bringe den Dreifuß an den geweihten Ort zurück, und du, Apollo, verkünde ihm, wie er den Tod seines Freundes sühnen kann.» Und Herakles vernahm durch den Mund der gotterfüllten Priesterin: «Du wirst deine Tat sühnen, wenn du drei Jahre lang als Sklave einem Weibe dienest und das Kaufgeld dem Eurytos zahlst zur Sühne deiner Blutschuld.»

Hermes erhielt von den Göttern den Auftrag, Herakles zu verkaufen. Als Händler verkleidet, führte er den Helden nach Lydien, wo die Königin Omphale regierte. Sie zahlte für ihn den geforderten Preis: drei Schaufeln Gold.

Omphale gewann den Knecht im Löwenfell lieb und verlangte, daß er ihr Gatte werde. «Jeder Dienst ist mir zu tun befohlen, nicht aber der Dienst der Liebe», sprach Herakles. Omphale sann nach, wie sie seinen Willen brechen könne. Sie veranstaltete täglich Gastmähler, trug Speisen und Wein auf in Überfülle und lud Herakles dazu ein. Er machte schweigend mit, Tag für Tag. Im Volk sprach man: «Herakles ist gar nicht mehr Herakles; er ist ein Schlemmer und Säufer geworden.» Als ein volles Jahr um war, glaubte Omphale, Herakles sei ein weicher Schwächling geworden, und forderte wiederum von ihm, daß er ihr Gatte werde. Herakles verweigerte es.

Da ward Omphale zornig und dachte: «Nun werde ich seinen

Stolz brechen und ihn erniedrigen.» Und sie schickte ihn hinaus aufs Feld, wo er zum Gespött der Leute ackern und die Schweine hüten mußte; er arbeitete aber so gewaltig, daß die Leute staunend stehenblieben: ein großes Kornfeld mähte er allein und band es zu Garben in einem Tag. Als wiederum ein Jahr vorbei war, ließ Omphale Herakles rufen. Sie glaubte, er sei fügig geworden und forderte aufs neue, daß er ihr Mann werde. Wiederum verweigerte es Herakles.

Nun lachte Omphale laut und rief höhnend: «Wenn du nicht Mann sein willst, so bin ich es, du aber trage Weiberkleider», schmückte ihn mit Schleiern und hängte ihm goldene Ketten um. Sie aber zog sein Löwenfell an und schwang die Keule. Wenn sie heim kam, mußte Herakles sich zu ihren Füßen setzen und mit seinen kampfgewohnten Fingern feine Fäden spinnen. Ein weiteres Jahr ging vorbei und Omphale war müde geworden, die Keule zu schwingen. Herakles hatte sie besiegt. Sie trat zu ihm hin und bat: «Willst du mein König werden?» Herakles wußte, daß seine Zeit um war und die Tat gesühnt sei. Aus freiem Willen wurde er nun König, blieb einige Zeit bei ihr und festigte ihre Herrschaft.

Dann schied er von Omphale, vom Drang des Schicksals getrieben. Als er Abschied nahm, sprach er: «Nenne den Sohn, der uns geboren werden wird, Alkaios, wie ich geheißen habe, und erzähle ihm, daß sein Vater furchtlos vor der Welt sei und Herr über sich selber.»

Als Herakles wieder nach Hellas kam, hörte er, wie des Königs Oineus schöne Tochter Deianeira vom Flußgott Acheloos lästig umworben werde. Sie fürchtete sich vor ihm, und der Vater wagte den Werber nicht abzuweisen, da er ihm als Nachbar Segen oder Fluch bringen konnte. Als Herakles den Namen Deianeira hörte, tauchte ihm aus der Erinnerung auf, wie Meleagros in der Unterwelt ihn angefleht hatte, sich seiner Schwester Deianeira anzunehmen. Er ging zu König Oineus und warb um seine Tochter. Der König wagte nicht, sich für einen der Werber zu entscheiden und schlug vor, Herakles und Acheloos sollten miteinander um die Braut kämpfen. Der Flußgott trat erst in Menschengestalt vor Herakles, dann kämpfte er als Stier. Darauf verwandelte er sich in eine Schlange. Da lachte Herakles: «Mit Schlangen habe ich schon im wiegenden Schild gekämpft.» So wechselte Acheloos in neckischer Weise fortdauernd seine Gestalt. Einmal erschien er ihm in Menschengestalt mit einem Stierkopf und einem goldenen Horn auf der Stirn. Wasser floß in Fülle aus seinem Bart. So liebte er es, Deianeira zu nahen. Im Ringen brach ihm Herakles das goldene Horn ab, den Sitz seiner unerschöpflichen Wasserkraft. Nun erklärte sich Acheloos als besiegt. Herakles gab ihm das Horn zurück und erhielt dafür ein köstliches Füllhorn mit Blumen und Früchten. Dann zog sich Acheloos in sein Element zurück. Herakles aber feierte mit Deianeira das Hochzeitsfest.

Bei einem Gastmahl, das König Oineus einst veranstaltete, geschah einem dienenden Knaben ein Mißgeschick. Er goß Wasser, das zum Waschen der Füße bestimmt war, Herakles über die Hände. Herakles gab dem Knaben einen Backenstreich und scherzte: «Dein Kopf soll unterscheiden lernen, was Hände und was Füße sind.» Zum Entsetzen aller fiel der Knabe um und blieb tot auf der Erde liegen. Der Vater des Knaben verzieh es Herakles. Dieser aber stand auf und ging freiwillig in die Verbannung. Deianeira folgte ihm mit Hyllos, ihrem Söhnlein. Auf ihrem Wege kamen sie an einen breiten Fluß. Da hauste der Kentaur Nessos, der sich Totenferge nannte, weil er die Wanderer ans andere Ufer brachte. Herakles sagte lachend: «Für mich ist es noch nicht an der Zeit», nahm seinen Sohn und die Waffen und watete durch den Fluß. Deianeira ließ er von Nessos hinübertragen. Der Kentaur fand Gefallen an dem Weibe und wollte sie entführen. Laut schrie sie um Hilfe. Herakles kehrte sich nach ihr um, ergriff schnell den Bogen und schoß einen vergifteten Pfeil dem eilenden Nessos nach. Der sank zusammen. Sterbend reichte er Deianeira von seinem Blut, das mit dem Gift vermischt war, und riet ihr, es vom Licht verschlossen sorgfältig aufzubewahren. Wenn je einmal Herakles' Kräfte schwänden, solle sie es ihm auf ein Kleid streichen; das Blut spende Kraft zu neuem Leben. Deianeira verschloß das Blut des Kentauren sorgsam in einem Gefäß und barg es vor Herakles.

Lange Jahre lebten sie glücklich auf einer Burg in Trachis. Aber Herakles ruhte nicht untätig zu Hause, sondern schweifte umher und vollbrachte überall Heldentaten.

Einmal zog er auch mit einem Kriegsheer aus, den König Eurytos, um dessen Tochter Iole er einst im Bogenwettkampf geworben hatte, wegen seines Spottes zu bestrafen. Als Herakles gegen den König zielte, zitterte seine Hand; er fühlte seine Kraft schwinden. Er erkannte dies als Zeichen seines nahen Todes. Dennoch besiegte er Eurytos im Kampf, nahm Iole und viele Burgbewohner gefangen und brachte sie heim nach Trachis. Als Deianeira ihn sah, erschrak sie: sein Gesicht war eingefallen und die Augen hatten den Glanz verloren. Die Todesahnung umwölkte seine Seele. Deianeira erinnerte sich des Blutes, das ihr Nessos gegeben hatte. Während Herakles auf den Berg Kenaion stieg, um Zeus für den Sieg zu danken, schloß sie sich in eine Kammer ein. Sie holte ein goldgewirktes Kleid hervor, das sie für ihn als Festgeschenk gewoben hatte und bestrich es mit der Flüssigkeit. Dann legte sie es in ein Kästchen und schickte einen Boten, daß er es Herakles als Opferkleid überbringe.

Einige Zeit danach betrat Deianeira die Kammer und fand

die Wollflocken, mit denen sie das Kleid bestrichen hatte, am Boden schäumend. Ein Schrecken durchfuhr sie und, Schlimmes befürchtend, sandte sie Hyllos seinem Vater nach. Bald kam der Sohn zurück und rief: «O wärest du nicht geboren, wärest du nicht Herakles' Gattin und meine Mutter!» Und er erzählte, was er gehört und gesehen hatte: «Freudig hatte Herakles das Festkleid ergriffen und war vor den Altar getreten. Als aber die Opferflammen auflohten, fing das Kleid wie nach innen zu brennen an. Herakles wollte es vom Leibe reißen, aber es war wie angewachsen. Wie Feuer durchglühte es ihn, er brüllte laut und wälzte sich am Boden, bis seine Seele in Ohnmacht versank. Die Diener tragen ihn auf einer Bahre hierher.»

Kaum hatte er geendet, kamen sie an. Herakles erwachte, und neuer Schmerz durchzuckte seinen Leib. Als Deianeira unter Schluchzen ihm erzählte, was sie getan, erinnerte er sich, daß Zeus im Gigantenkampf ihm verkündet hatte, er werde durch einen Toten sein Leben verlieren und sprach: «Jetzt bringt mich Nessos doch zum andern Ufer.» Er verlobte Hyllos mit Iole, die er einst geliebt hatte, und riet ihm, nach Mykenä zu gehen, Eurystheus zu bekämpfen und dort sein Königtum zu errichten.

Darauf befahl er den Dienern, ihn auf den Ötaberg zu tragen. Hyllos und sein Freund Philoktetes begleiteten ihn. Oben auf dem Berge ließ Herakles einen Altar errichten. «Meine Haut brennt», sprach er, «das ist ein Zeichen, daß mich die Flamme ruft.» Mit den letzten Kräften richtete er sich auf und schritt zum Altar, stand, als Priester und Opfer zugleich, auf dem Holzstoß und befahl seinem Sohn, daß er ihn entzünde. Hyllos brachte es nicht über sich; Herakles' Freund Philoktetes verrichtete den Liebesdienst und warf die Brandfackel in den Holzstoß. Herakles belohnte ihn dafür mit seinen Pfeilen.

Hochauf lohte die Flamme gen Himmel, und aus der mächtig

wirbelnden Rauchsäule enthob sich ein Adler und stieg langsam kreisend zum Himmel empor. Als er im Äther verschwand, sank die Flamme zusammen und erlosch.

Hyllos und Philoktetes schritten schweigend den Berg hinunter und spendeten den Göttern die Opfer.

Herakles aber ward von Zeus selber empfangen und unter die Götter aufgenommen. Haß und Groll der Hera verschwanden, als er sein irdisches Leben vollendet hatte, und sie vermählte ihn mit Hebe, der Göttin ewiger Jugend.

THESEUS

König Aigeus von Athen war schon ergraut und keine seiner Gattinnen hatte ihm einen Sohn geschenkt. Ihm bangte vor freudelosem Alter. Deshalb begab er sich nach Delphi, um durch das Orakel von den Göttern zu erforschen, ob er noch einen Sohn erwarten dürfe. Die Priesterin gab ihm einen dunklen Spruch, dessen Sinn er nicht zu enträtseln vermochte; darum machte er sich auf den Weg zu Pittheus, dem befreundeten König von Troizen, der seiner Weisheit wegen berühmt war. Pittheus konnte den Sinn des Spruches ergründen. Um das Orakel zu erfüllen, berauschte er Aigeus und vermählte ihn im geheimen und ohne Wissen des Volkes mit seiner eigenen Tochter Aithra.

Am Morgen darauf verließ Aigeus Troizen, denn er befürchtete, Verwandte könnten die Herrschaft in Athen an sich reißen. Bevor er von Aithra schied, legte er Sandalen und sein Schwert unter einen schweren Felsblock und sprach zu ihr: «Erziehe den Sohn, der uns geboren werden wird, ohne ihn wissen zu lassen, daß ich sein Vater bin. Führe ihn, wenn er zu Kräften gekommen ist, hinaus zu diesem Felsen; vermag er ihn wegzuwälzen, so heiße ihn Sandalen und Schwert ergreifen und sie mir nach Athen bringen; an diesem Zeichen will ich unseren Sohn erkennen. Ihm ist das Schicksal eines Helden geweissagt.» Dann wanderte der König heim nach Athen.

Bald danach erschien Medeia, die Gattin des Jason, schutzflehend vor den Toren der Stadt. Aigeus nahm sie auf und vermählte sich mit ihr. Dieser Ehe entsproß ein Sohn, Medos genannt.

Aithra aber wurde Mutter eines Knaben, den sie Theseus nannte. Pittheus nährte im Volke den Glauben, der Meerbeherrscher Poseidon sei der Vater des Kindes. Als es der sorgenden Obhut der Frauen entwachsen war, nahm er sich selber der Erziehung des Enkels an. Des munteren Knaben Kräfte stählte er im Laufen, im Ring- und Faustkampf, im Speerwerfen und Bogenschießen. Der Knabe wählte sich vor allen Herakles zum Vorbild, dem er in kindlicher Weise nacheiferte, und von dessen Heldentaten der Großvater ihm nicht genug erzählen konnte.

Als Theseus sieben Jahre alt geworden war, kam Herakles nach Troizen und war Pittheus' Gast. Beim Mahle legte er das Löwenfell, zum Schrecken der geschäftigen Diener, neben sich hin. Als Theseus in den Männersaal gesprungen kam, erblickte er den liegenden Löwen. Rasch griff er nach einem Schwert und wollte ihn umbringen. Doch Herakles wehrte ihm und lachte, daß ihm das Zwerchfell schütterte.

Zum Jüngling herangewachsen sollte Theseus, der Sitte gemäß, seine Kinderlocken auf den Altar Apollons legen. Das reute ihn und er tat es so, daß er nur seine Stirnlocken abschnitt und die andern auf dem Kopf behielt. Da er nun auch der Zucht des Großvaters entwachsen war, führten Mutter und Großvater ihn zu dem Felsblock, unter den Aigeus einst Sandalen und Schwert verborgen hatte. Theseus wälzte den Stein mühelos weg und ergriff sein Erbe; die Mutter sagte ihm, wer sein Vater sei und hieß ihn nach Athen gehen.

Der Großvater riet dem Jüngling, den gefahrvollen Landweg zu meiden und mit einem sicheren Kauffahrerschiff nach Athen zu fahren. Theseus aber wählte den Landweg und sprach in jugendlichem Feuer: «Da nun Herakles weit weg ist und die Unholde überall aus ihren Verstecken hervorkriechen und die Menschen plagen, will ich gegen sie ausziehen; nicht an Sandalen und

Schwert, sondern an meinen Taten soll der Vater erkennen, daß ich sein Sohn bin.» Mit diesen Worten nahm er Abschied von Mutter und Großvater und schritt kühnen Mutes von dannen.

In einem finsteren Wald begegnete er dem keulenschwingenden Periphetes. Der hatte, mißgestaltet wie sein Vater Hephästos, verkümmerte und schwächliche Beine; aber er schwang mit Riesenkraft eine eherne Keule, die ihm sein Vater geschmiedet hatte, und erschlug alle, die ihm begegneten. Theseus ließ sich in einen Kampf ein. Den wuchtigen Schlägen wich er erst geschickt aus. Dann versetzte er in einem unerwarteten Augenblick seinem Gegner einen solchen Schwerthieb, daß diesem die Keule entfiel. Behend griff Theseus nach ihr und überwand den Keulenschwinger mit seiner eigenen Waffe.

Danach schulterte er die schwere Keule und schritt rüstig weiter. Er gelangte an eine bewaldete Landenge; dort hauste Sinis, der Fichtenbeuger. Kam ein Wanderer des Wegs, ergriff Sinis eine große Fichte und beugte sie, bis ihr Wipfel die Erde berührte; dann bat er den ahnungslosen Wanderer, die Fichte mitzuhalten. Hielt er sie fest, ließ Sinis plötzlich los, der Wanderer wurde zum Gelächter des Riesen wie ein Tannzapfen in die Höhe geschnellt und brach sich, herunterfallend, Arme und Beine. Theseus ahnte die List des Riesen und sagte zu ihm, er könne zwei Fichten auf einmal beugen. Einen Baum nach dem andern bog er und bat den törichten Riesen, nun seinerseits Kraft zu beweisen und die beiden Wipfel zu halten. Rasch ließ Theseus los – der Unhold schnellte in die Höhe und ward in zwei Teile zerrissen.

Danach gelangte Theseus in eine bewohnte Gegend. Da klagten ihm die Leute ihre Not: Eine Wildsau, von einer uralten Waldnymphe aufgezogen, wütete in der Gegend herum, zerstampfte die Felder und schleppte viele Opfer mit in den Wald. Theseus stellte ihr nach. Blindwütig, fürchterlich grunzend rannte die Sau auf ihn los. Mutig ging er ihr entgegen und erschlug die Tobende mit einem Keulenschlag.

Der Weg führte ihn alsdann über ein hohes, unwirtliches Gebirge, das in zackigen Klippen jäh ins Meer stürzte. An einem schmalen Felsenweg lauerte Skiron den Wanderern auf und verlangte von jedem, der durch wollte, daß er ihm die Füße wasche. Tat er es, gab ihm Skiron unvermutet einen Stoß, so daß er über die Felsen ins Meer stürzte. Da fraß ihn eine große Meerschildkröte auf. Auch Theseus schickte sich an, ihm die Füße zu waschen; als aber Skiron zum Stoß ausholen wollte, kam er ihm zuvor, ergriff den Überraschten mit mächtigen Armen und schleuderte ihn in die Tiefe.

In der Nähe von Eleusis stellte sich ihm der gefürchtete Kerkyon in den Weg und forderte ihn zu einem Ringkampf heraus. Theseus setzte der rohen Stärke des Riesen seine Klugheit entgegen und überwand den Ungeschlachten mit listigen Griffen.

Endlich erreichte er die heilige Straße, welche von Eleusis nach Athen führte. In der Nähe dieser Straße hauste Prokrustes, der Ausrenker, wie er genannt wurde, ein Bruder des Fichtenbeugers. Der schleppte zum Kummer der Athener viele Wanderer von der Straße in seine Höhle und legte sie auf ein in Felsen gehauenes Lager. Waren die Wanderer länger als das Bett, hieb er ihnen die Glieder ab; waren sie zu kurz, dann reckte und zerrte er an ihnen und half mit seinem wuchtigen Eisenhammer nach, bis sie längelang in das Bett paßten. Auch an Theseus vergriff er sich und schleppte ihn aufs Lager. Wie nun Prokrustes den Hammer erhob, um das Opfer in die Länge zu klopfen, schnellte Theseus blitzschnell vom Lager auf und entwand ihm den Hammer. Sausend fuhr der Hammer nun auf Prokrustes nieder, daß dem Hören und Sehen für immer verging.

Ehe Theseus die Stadt Athen betrat, ließ er sich durch weise

Männer vom Blute der Unholde reinigen. Danach schritt er der Stadt zu und kam an einem Tempelbau vorbei. Die Bauleute, welche das Dach des Tempels vollendeten, sahen den lockigen Jüngling, wähnten, er sei ein Mädchen und fragten, was es sich so allein da draußen herumtreibe. Da ward Theseus zornig. Er spannte von einem Wagen, der zum Steine-Führen bereitstand, die Zugochsen ab, ergriff den Wagen und warf ihn hoch in die Luft bis zum Tempeldach. Die Spötter erbleichten und waren froh, als der Wanderer weiterzog und sie in Ruhe ließ.

Das Nahen des heldenhaften Jünglings sprach sich in Athen schnell herum. Auch Aigeus vernahm die Kunde, aber er ahnte nicht, daß der Fremdling sein Sohn war. Medeia jedoch wußte es kraft ihrer Wahrsagekunst. Sie befürchtete, daß nun das Erbe des Königreichs nicht ihrem Sohne Medos, sondern dem erstgeborenen Theseus zufallen werde. Um dies zu verhindern, sprach sie zum König: «Der Fremdling will dich vom Thron stürzen; darum rate ich dir, vergifte ihn, wenn dir Leben und Königtum lieb sind.»

Der König, im Alter furchtsam geworden, glaubte ihren Worten und trachtete, den Rat zu befolgen. Als der Jüngling in der Burg erschien, begrüßte er freudig erregt den König, verschwieg aber seinen Namen. Er wurde an den Tisch geladen, denn beim Mahle wollte ihm Aigeus den Giftbecher reichen. Der Sitte gemäß mußte der Gast das Wildbret zerschneiden. Dies zu verrichten griff Theseus zum Schwert und zerschnitt das Fleisch. Da sah der König das Schwert, erkannte es und erkannte seinen Sohn! Umstieß er den Giftbecher, daß der Wein das Linnen rötete. Vor Freude sprang er auf und weinend umarmte er seinen Sohn. Wie er ihn an seine Brust drückte, schauderte ihn vor Entsetzen, daß er diesen Jüngling hatte vergiften wollen. Grimmige Rachegedanken stiegen in ihm auf, als er an die Urheberin dieses Planes dachte. Er ließ Medeia rufen – die aber war, als sie den Ausgang erfahren hatte, mit ihrem Söhnlein aus Stadt und Königreich entflohen.

Nun stellte der König in der Volksversammlung seinen Sohn vor, und die Menge begrüßte ihn als Mitregenten. Als Theseus' Ankunft bekanntgeworden war, regte sich ein alter Feind des Königs aufs neue: sein Bruder Pallas war es, mit den fünfzig Söhnen, der immer schon nach dem Königreich getrachtet hatte. Er zog nun aus, den Thronerben im Kampf zu erschlagen. Fünfundzwanzig seiner Söhne versteckte Pallas in einem Hinterhalt; mit den andern wollte er Theseus zum Kampf herauslocken. Ein treuer Knecht verriet Theseus die Stellungen des Feindes. Er überlistete Pallas seinerseits, indem er zuerst die im Hinterhalt Lauernden überraschend angriff und erschlug. Als Pallas von deren Niederlage hörte, wandte er sich mit den andern zur Flucht.

Danach befreite Theseus die Menschen von der Plage des kretischen Stieres. Herakles hatte ihn gefangen zu Eurystheus gebracht. Dieser ließ ihn aber aus Angst wieder los, und seitdem raste der Stier auf den Feldern Marathons umher, ein Schrecken für Mensch und Vieh. Theseus zog aus und überwand ihn, wie es Herakles getan, und schleppte ihn gefesselt nach Athen. Sein Vater opferte den Stier auf der Burg dem Gotte Apollon.

Zu eben dieser Zeit wiederholte sich zum dritten Male, daß das kretische Schiff in Athen landen sollte. Als es auf der Höhe des Meeres gesichtet wurde, brach die ganze Stadt in Jammer und Klage aus. Theseus wunderte sich und fragte teilnehmend nach der Ursache des Klagens. Da wurde ihm erzählt:

«Vor vielen Jahren kam der Sohn des Königs Minos von Kreta nach Athen zu unseren Wettspielen und ward Sieger über alle. Das erzürnte deinen Vater, denn er mochte den Kretern diesen Ruhm nicht gönnen. Er sprach zum Sieger: ‹Noch größeren Ruhm könntest du dir erringen, wenn du Hellas von dem schrecklichen

Stier befreien würdest, den bis jetzt Herakles allein bezwang.›
Mit frischem Mut zog der Jüngling aus, aber er kehrte nicht mehr
zurück. Einige Zeit danach landete Minos, ein Sohn des Zeus, mit
all seinen Schiffen in unserem Hafen, um den Tod des Jünglings
an der ganzen Stadt zu rächen. Groß waren Not und Schrecken
der Belagerung, größer das Entsetzen, als Zeus eine Seuche schickte
und die Götter unsere Opfer nicht mehr annahmen. Als die Stadt
lange gelitten hatte, erhielten wir von Apollon die Weisung, daß
wir, um den Frieden zu erhalten, jedes Sühneopfer annehmen
müßten, das Minos verlange. Und Minos, grausam in seiner Rache,
forderte von uns alle neun Jahre sieben Knaben und sieben Mädchen als Tribut. Die wirft er dem Minotaurus zum Fraße vor; das
ist ein menschenähnliches Ungeheuer mit einem Stierkopf. Es
haust im Labyrinth, in dem so viele verschlungene Gänge und
Räume sind, daß noch kein Mensch, der da hineingeraten ist, je
sich zurechtfand und den Ausgang wieder erreichte. Nun landet
der König mit dem Schiff, und die unglückseligen Kinder werden
durchs Los bestimmt.»

Das traurige Geschick der blühenden Kinder und das Wehklagen der Stadt ergriffen Theseus. Er sprach zu seinem Vater: «Ich
gehe freiwillig mit; ich will die Stadt von diesem Unglück und der
Schmach befreien.» Der greise König umarmte weinend seinen
Sohn und suchte ihn zurückzuhalten, aber Theseus entwand sich
sanft seinen Armen und bereitete sich zur Fahrt. Nach des Orakels
Rat spendete er ein besonderes Opfer Aphrodite, der Göttin der
Liebe. In weiße Gewänder gehüllt, mit einem Ölzweig geschmückt,
bestieg er mit den Kindern das Schiff. Als die Anker gelichtet
waren und die schwarzen Segel aufgezogen wurden, rief Theseus:
Weine nicht, Vater, bald, so hoffen wir, sind wir wieder da. Ein
weißes Segel soll dir aus der Ferne künden, daß dein Sohn heil
zurückkehrt.»

Auf der Fahrt nach Kreta fand König Minos Gefallen an einem der Mädchen und wollte es umarmen; es schrie um Hilfe, und Theseus eilte es zu beschützen. Zu Minos sprach er: «Wahrlich, man nennt dich Sohn des Zeus, dein Handeln aber erregt mir Zweifel, ob Zeus dein Vater sei.» Der gekränkte König bat Zeus um ein Zeichen. Ein Blitz aus heiterem Himmel schlug neben dem Schiff ins Wasser und bezeugte vor allen seine göttliche Abkunft. Nun warf Minos seinen Siegelring ins Meer und sprach höhnisch: «Dir aber ist Poseidon hold, wenn er nicht gar, wie man sagt, dein Vater ist; wohlan denn, tauche hinunter in sein Reich – ist er dir freundlich gewogen, wird er dir den Ring zurückgeben.» Unerschrocken tauchte Theseus in die Fluten. Triton, der Göttliche, nahm ihn auf und geleitete ihn in den grünschimmernden Palast des Meergottes, wo er von Poseidon und seiner Gattin freundlich empfangen ward. Zum Gastgeschenk erhielt er ein purpurnes Festgewand und einen strahlenden Rosenkranz aus lauter Edelsteinen, den Hephästos kunstvoll geschmiedet hatte. Die tanzenden Nereiden überbrachten ihm den Königsring, worauf ihn Triton ans Licht geleitete. Heil tauchte Theseus aus den Fluten empor, stieg aufs Schiff und gab Minos den Ring zurück. So erkannte der König, daß auch Theseus ein Liebling der Götter sei.

Bald danach landeten sie auf Kreta. Ariadne, die Tochter des Königs, kam dem Vater entgegen. Mit Staunen gewahrte sie den schönen Helden, und ihr Herz ward von Liebe erfüllt. Aphrodite wußte es zu lenken, daß sich die beiden an geheimem Ort begegneten. Ariadne offenbarte Theseus ihre Liebe, und er versprach ihr, sie als Gattin heimzuführen, wenn es ihm gelingen sollte, den Minotaurus zu töten. Weil sie um sein Leben besorgt war, übergab sie ihm einen Knäuel mit Faden, der unzerreißbar war. Sie riet ihm, das Ende am Eingang festzubinden und ihn langsam abzuwickeln, während er in die wirren Gänge hineinschreite. An diesem Faden werde er den Rückweg aus dem Labyrinth sicher finden.

Am folgenden Morgen wurde Theseus mit den Opfern hinausgeschickt in die öde Felsengegend, in der der Wunderbau des Labyrinthes stand. Theseus tat, wie ihm Ariadne geraten hatte. Ins Innere dringend, wickelte er sorgfältig den Knäuel ab; zagend folgten ihm die Kinder in die Tiefe. Der Rosenkranz, den der Held auf dem Haupte trug, strahlte hellen Schein und überwand die Finsternis des Raumes. Als sie tief in die wirrverschlungenen Gänge eingedrungen waren, hörten sie von allen Seiten das Gebrüll des Minotaurus hallen und dröhnen, und sie schauderten. Der Stierköpfige raste schnaubend heran. Furchtlos stellte Theseus sich zum Kampfe. Lange rangen sie. Mit allen erdenklichen Listen des Ring- und Faustkampfes überwand er endlich das Untier. Dankbar scharten sich die Kinder um ihren Retter. Behutsam wickelte Theseus den Faden wieder auf, und durch ihn wurden sie sicher zum Ausgang zurückgeführt. Die ganze Zeit hatte Ariadne bangend am Eingang geharrt; Freude erfüllte sie, als Theseus mit den Kindern wohlbehalten ans Licht der Sonne trat. Mit Kränzen geschmückt, traten sie vor den König. Dieser anerkannte, daß die Blutschuld gesühnt sei und gewährte Theseus, seine Tochter als Gemahlin heimzuführen.

Jubelnd stiegen sie aufs Schiff und fuhren heimwärts. Erstmals landeten sie auf der Insel Delos, die Apollo geweiht war. Dort spendete Theseus die ersten Dankopfer. Die Kinder tanzten, angeführt von Theseus, einen Reigentanz, indem sie kranichartig hüpfend die verschlungenen Windungen des Labyrinthes nachahmten. Dieser Reigen wurde später immer getanzt beim Gedächtnisfest, welches der Held zur Erinnerung an diese Fahrt stiftete. Als sie weiterfuhren, erhob sich ein mächtiger Sturm. Theseus landete auf der Insel Naxos und wartete, bis der Sturm sich gelegt hatte. Die Nacht brach ein, und noch tobte das Meer. Da legten sich alle schlafen. Im Traum erschien ihm der Gott Dionysos und sprach: «Stehe auf in der Morgenfrühe und fahre lautlos ab; Ariadne aber lasse zurück, wenn du nicht meinen Zorn erregen willst, denn sie ist vom Schicksal mir zur Gemahlin bestimmt, nicht dir.» Mit schwerem Herzen erwachte Theseus, weckte die Kinder und hieß sie lautlos zum Schiff gehen. Kaum vermochte er sich zu trennen von Ariadne, die ruhig schlief. Aber die Stimme des Gottes, die er vernommen, und die Furcht vor seinem Zorn trieben ihn hinweg. So schritt er denn weinend aufs Schiff und fuhr heimwärts, vom Kummer um die verlassene Geliebte bedrückt.

Ariadne erwachte erst, als die Sonne hoch am Himmel stand. Als sie sich ganz allein und verlassen sah, brach sie in Weinen und Wehklagen aus über des Geliebten Untreue. Da aber hörte sie muntere Klänge, Flöten und Paukenschlag. Dionysos, mit goldenem Weinlaub bekränzt, zog mit seinem Gefolge von bocksfüßigen Satyrn und lärmenden Faunen in berauschender Pracht heran. Er schritt auf Ariadne zu, tröstete sie und erklärte ihr, wie nach dem Willen der Götter ihr Schicksal nun mit seinem Leben verknüpft werden solle. Danach umarmte er sie liebend. Sanft nahm er ihr den Rosenkranz vom Haupt, den sie von Theseus zum Brautgeschenk erhalten hatte, und warf ihn ans Himmelszelt; da leuchtet er fortan als Sternbild weiter. Dann setzte er ihr einen neuen, schöneren Kranz aufs Haupt und erhob sie zu seiner Gemahlin. Von den Göttern wurde ihr die Unsterblichkeit verliehen.

Theseus aber dachte in seinem Herzeleid über die verlorene Ariadne nicht mehr daran, ein weißes Segel aufzuziehen, wie er dem Vater versprochen hatte. Dieser ging Tag für Tag auf einen Felsen am Vorgebirge, wartete und sah über das Meer. Da erschauten seine alten Augen ein Schiff. Aber – hatte es nicht schwarze Segel? Er wollte seinen Augen nicht trauen, doch es war so. Vor Jammer über den verlorenen Sohn schrie er auf und stürzte sich ins Meer. Nach ihm wird es seither das Ägäische genannt.

Als das Schiff in den Hafen von Athen einfuhr, wunderte sich Theseus, daß er von den Bürgern nur mit gedämpfter Freude empfangen wurde. Allzufrüh vernahm er, was geschehen war, und hatte nun zum Verlust der Geliebten noch den Tod seines Vaters zu beklagen. Der Sitte gemäß vollzog er erst die Totenopfer; dann wurden den Göttern Dankopfer gespendet für die Befreiung der Stadt.

Das Schiff, welches sie nach Athen gebracht, ward heilig gehalten und immer ausgebessert, wenn es Schaden erlitten hatte, so daß im Laufe der Zeit Balken und Bretter mehrmals erneuert wurden. Alle Jahre unternahmen die Athener mit ihm eine Gedächtnisfahrt nach Delos und brachten Apollon Dankopfer dar.

Theseus wurde nun König von Athen. Er einigte ganz Attika und stiftete das Fest der Panathenäen, gab der Stadt weise Gesetze und regierte dem Willen der Götter gemäß.

Sein Tatendrang aber ließ ihn nicht ruhen. Er folgte dem Herakles auf dem Zuge gegen die Amazonen. Als Kampfpreis erhielt er die Königin Hippolyte, welche er als Gattin heimführte. Sie schenkte ihm einen Sohn, der Hippolytos genannt wurde. Als er den Knabenjahren entwachsen war, verlachte er die Spiele und Geselligkeit mit den Mädchen und zog immer jagend in den Wäldern umher, als ein Liebling der Artemis, der göttlichen Jägerin.

Einmal, mitten im Winter, drangen die Amazonen auf ihren Pferden in Attika ein und fielen rächend über die Stadt Athen her. Die Bürger mußten sich vor dem überraschenden Einfall auf die

Burg zurückziehen. Nach hartem Kampf siegte Theseus mit den Athenern über die Amazonen, und die wilde Reiterschar floh in ihre Heimat. Auf dem Kampffeld aber lag erschlagen ihre frühere Königin. Sie hatte an der Seite ihres Gatten gekämpft. Die ganze Stadt betrauerte ihren Tod.

Nachdem Theseus ein Jahr getrauert hatte, fuhr er nach Kreta und warb um Phaidra, die Schwester der Ariadne. Sie folgte ihm als Gattin nach Athen.

Einst kam Peirithoos, der junge König der Lapithen, vom waldreichen Thessalien zu Theseus und überredete ihn zur Teilnahme an einem abenteuerlichen Unternehmen, nämlich für Peirithoos eine schöne Frau zu rauben. Ihre Wahl fiel auf Helena, die Tochter des Zeus und der Leda. Das junge Mädchen wurde im Königshaus von Sparta mit Gespielinnen aufgezogen und war ihrer Schönheit wegen berühmt. Die beiden überraschten die junge Helena, als sie mit ihren Freundinnen sorglos und unbewacht einen Reigen tanzte. Sie ergriffen das Mädchen und entführten es auf eine sichere Burg des Theseus; denn durch das Los war die Schöne ihm zuteil geworden. Theseus war aber durch sein Wort gebunden, für seinen Freund eine Gattin zu suchen. Dieser verlangte nun in seinem Übermut, in die Unterwelt zu dringen und Persephoneia als Gattin heimzuführen. Zuvor brachte Theseus seinen Sohn Hippolytos zu seinem Großvater nach Troizen, denn er fürchtete den Haß der Stiefmutter; dann machten sie sich auf und drangen verwegen in die Unterwelt. Hades sandte den unberufenen Eindringlingen die Erinnyen entgegen, welche sie auf einen Zauberstein setzten, von dem sie nicht mehr loskommen konnten. So blieben die beiden in der Nähe des Eingangs schwebend zwischen Leben und Tod. Als Herakles in die Unterwelt drang, um den Höllenhund zu holen, traf er die beiden. Flehend streckten sie ihm die Hände entgegen. Als er Theseus berührte, wurde dieser frei. Bei Peirithoos aber bebte die Erde und gab ihn nicht los, und so blieb der Frevler für alle Zeiten auf dem Felsen festgehalten.

Als Theseus aus der Unterwelt zurückkehrte, lenkte er seine Schritte zuerst nach Troizen. Dort erfuhr er, daß seine Gattin gestorben sei. Die Amme erzählte ihm, Hippolytos sei in seiner Abwesenheit liebend seiner Gattin genaht, und ihr sei kein anderer Ausweg geblieben, als in den Tod zu gehen. Da verfluchte Theseus seinen eigenen Sohn und bat Poseidon, er möge ihm jetzt den Wunsch erfüllen, den er ihm einst zu gewähren versprochen: Hippolytos solle das Ende des Tages nicht mehr erleben.

Ahnungslos kehrte Hippolytos heim, eilte freudig dem Vater entgegen und wollte ihn begrüßen. Theseus jagte ihn mit bitter scheltenden Worten aus dem Hause und verbannte ihn aus seinem Reich. Der Verfluchte entfloh mit seinem Rossegespann. Als er an dem Strand entlangfuhr, donnerte es, daß die Erde bebte. Das Meer geriet in wilden Aufruhr, und aus den schaumgekrönten Wellen entsprang ein mächtiger Stier. Die Rosse scheuten, bäumten sich und rannten von wilder Angst gepackt davon. Nicht vermochte der Reiter die Rasenden zu zügeln. Der Wagen brach an einem Felsen entzwei, und Hippolytos wurde zu Tode geschleift.

Da erschien Artemis, des Hippolytos Beschützerin, dem düster sinnenden Vater und sprach klagend: «Wehe, nicht mehr darfst du dich zu den Gerechten zählen. Dein Zorn hat dich zum Fluche getrieben. Nicht hast du untersucht und weise gerichtet, wie es einem Könige ziemt; denn wisse: dein Sohn war unschuldig. Aphrodite hat aus Eifersucht über meinen Schützling im Herzen deiner Gattin eine frevelhafte Liebe zu ihm entzündet, und aus Scham hat sie sich selber den Tod gegeben.»

«Wehe über mich», rief Theseus, als die Göttin von ihm schied, «ich bin verloren; alle Schönheit des Lebens ist mir dahin.» Von

Gram und Herzeleid gebeugt, verließ er die Stadt und zog nach Athen. Hier aber hatte sich Menestheus auf den Königsthron gesetzt. Mit Hilfe der Brüder der entführten Helena hatte er die Macht erlangt und behauptete sie auch gegen den heimkehrenden, rechtmäßigen König. Theseus mußte Athen verlassen. Heimatlos, von den Menschen vergessen, starb er im Elend. Unbekannt war lange Zeit sein Ende und sein Grab.

Viele hundert Jahre später landeten die Nachkommen des Medos in Griechenland und wollten die Griechen zu Knechten machen. Im Kampf gegen die Perser sahen viele Athener, wie Theseus in Lichtgestalt mit löwenhaftem Mut dem Feind entgegenstürmte und Schrecken in die Reihen brachte, so daß die Perser zu den Schiffen flüchteten und von den Athenern erschlagen wurden. Nach siegreicher Schlacht sandten die Athener eine Botschaft nach Delphi, um das Orakel nach der Stätte zu befragen, wo das Grab des Theseus sei, damit sie seine Gebeine in die Stadt brächten. Die Priesterin nannte ihnen die Insel Skyros. Die Athener zogen aus und eroberten sie. Als der Feldherr sinnend auf dem Gräberfeld stand, schoß ein Adler aus der Luft, setzte sich auf ein Grab und hackte mit Schnabel und Krallen in die Erde. An dieser Stelle gruben sie nach und fanden des Theseus mächtige Gebeine und Waffen. Feierlich brachten sie diese nach Athen, begruben sie in der heimatlichen Erde und errichteten Theseus inmitten der Stadt einen Weihetempel.

DAIDALOS UND IKAROS

Zur Zeit als König Aigeus in Athen herrschte, lebte Daidalos, ein berühmter Baumeister und Bildhauer, aus dem Geschlecht des Erechtheus.

Es wurde von ihm erzählt, die Göttin Pallas Athene selber habe ihn in der Kunst unterwiesen, solch ein geschickter Meister war er. Was er auch unternahm gelang ihm vortrefflich. Viele schöne Tempel hatte er da und dort gebaut und herrliche Götterbilder geformt. Man sagte von ihnen, sie würden leben, könnten sehen und gehen. Während die Meister vor ihm, die Statuen wie schlafend gestalteten, mit gesenkten Augenlidern, geschlossenen Füßen und enganliegenden Armen, formte Daidalos seine Bilder so, daß sie zu schreiten schienen, die Arme frei vom Körper bewegten und mit geöffneten Augen in die Welt schauten.

Zu ihm trat in die Lehre Talos, seiner Schwester Sohn. Als der Jüngling herangereift war, setzte er bald alle in Staunen durch das, was seine Hände zu bilden vermochten und was sein Geist ersann. Er schien seinem Lehrmeister alle Ehre zu machen, ja einige sagten, er überflügle ihn. Denn bereits hatte er Daidalos auch in der Erfindung von Werkzeugen erreicht, wenn nicht gar übertroffen: die Säge, die Töpferscheibe und das Drechslereisen hatte er erfunden.

Daidalos ertrug nicht, daß sein junger Schüler von aller Mund gelobt und gepriesen ward, und er fürchtete, sein eigener Ruhm verblasse. Als sie einst allein auf der Akropolis standen, stieß er Talos unvermutet über den schroffen Burgfelsen. Während er den

Leichnam des Jünglings schnell begrub, wurde er überrascht und, obwohl er angab, eine Schlange verscharrt zu haben, den Richtern angezeigt. Auf dem Areopag wurde der Frevler seiner Schuld überwiesen und zum Tode verurteilt.

Aber dem listenreichen Mann gelang es, aus dem Kerker zu entfliehen, und er trieb sich lange heimlich in Attika herum. Dann aber wurde er auch da entdeckt, und um seinen Häschern zu entgehen entwich er auf einem Kaufmannsschiff nach Kreta.

Durch sein Können gewann er bald die Freundschaft des Königs Minos. Er baute für ihn herrliche, weithin schimmernde Paläste, deren Hallen er mit großen Bildern zierte, er legte schöne Gärten an und mauerumwehrte Festungen. Ja, er verschmähte es nicht, für des Königs Töchterchen immer neue lustige, kunstreiche Spielzeuge zu erfinden oder auch prächtige Schmuckstücke zu schaffen für die Königin.

Als nun die Königin der Insel den Minotaurus gebar, jenes schreckliche Unwesen, stierhäuptig, an Leib und Gliedern aber einem Manne gleich, strotzend von Kraft und Wildheit, da erschuf Daidalos sein wohl berühmtestes Werk: das Labyrinth mit den verwirrenden Gängen und Kammern. In dieses Labyrinth wurde der Schreck der Insel, der sich nur von Menschenfleisch nährte, eingesperrt und verbannt, und seitdem tobte er dort brüllend herum, in den wirren Gängen sich immer neu verirrend.

Es wird erzählt, Daidalos selber habe den Ausgang aus dem Labyrinth fast nicht gefunden, als er das Werk vollendet hatte.

Als nun Theseus von Athen gekommen war und den Minotaurus besiegt hatte und Ariadne, des Königs Tochter in Liebe entführte, ward Minos mißtrauisch. Er wähnte, Daidalos habe bei Sieg und Flucht die Hand im Spiel gehabt und ließ ihn fortan insgeheim überwachen.

Da ward es Daidalos zu eng auf der Insel, und er hielt es in

158

Kreta nicht mehr aus. Auch sehnte er sich nach seiner Heimat; denn so lange war er ihr fern, daß seine Blutschuld inzwischen verjährt war. War ihm doch auch ein Sohn herangewachsen, der eben zur Blüte der Jünglingsjahre sich entfaltete. Aber nicht wäre es ihm möglich gewesen, unerkannt auf einem Schiff die Insel zu verlassen. Und wäre selbst die Flucht ihm geglückt, hätten ihn des Königs schnelle Segler bald wieder eingeholt. «So bleibt mir nur der Himmel offen zur Flucht», dachte er. Und er sann auf eine List.

Er beobachtete aufmerksam den Flug der Vögel und sammelte mit seinem Knaben Vogelfedern, kleine und große. Dann ordnete er sie kunstvoll nach ihrer Größe zu Flügeln, verband sie mit Fäden und steckte die Kiele in Wachs, welches der Knabe mit seinen Händen erwärmte. Nun gab er dem Gebilde eine Krümmung, so daß es den Schwingen eines Adlers glich. Ein gleiches Flügelpaar, nur kleiner, verfertigte er auch für seinen Sohn Ikaros.

Als er die letzte Hand an sein Kunstwerk gelegt hatte, schnallte er sich die Flügel fest und erprobte ihre Tragkraft und siehe da, er vermochte sich in die Luft zu erheben. Nun unterwies er seinen Sohn und hielt ihn an: «Folge mir immer nach, fliege nicht zu tief, denn da würden deine Flügel durch die Feuchte des Meeres zu schwer, und sie trügen dich nicht mehr; meide aber auch die zu hohe Höhe, damit die Sonne nicht das Wachs schmilzt. Zwischen Meer und Sonne halte die Mitte!» Nach diesen Worten umarmte er seinen Sohn und nahm Abschied. Eine dunkle Ahnung bedrückte sein Herz, und Tränen rannen ihm über die Wangen.

Doch er ermannte sich und hob sich in die Luft und hieß den Knaben ihm folgen. Wie der Vogel sorgend auf die junge Brut schaut, die zum erstenmal aus dem Nest fliegt, so schaute Daidalos ängstlich zurück und zeigte dem Knaben, wie er sich in die Luft erheben konnte. Und es gelang Ikaros, und sie entwichen in der Morgenfrühe aus der Stadt. Unter sich sahen sie den ackernden Landmann, den Fischer am Ufer, den Schiffer im Kahn. Die staunten hinauf und hielten sie wohl für Götter. Weit hatten sie Kreta hinter sich; über sich den lichten, strahlenden Äther und unten das wogende, dunkelblaue Meer. Insel um Insel, schaum-umkrönt, tauchte auf und blieb zurück.

Ikaros jubelte und sein Herz schwoll vor Freude. In immer kühnerem Mut erhob er sich zu immer lichteren Höhen, seine Brust im reinen Äther zu baden. Da aber erweichte die Sonne das Wachs, es schmolz, die Flügel zerfielen, und wie ein Stern vom Himmel zur Erde fällt, also stürzte der Knabe in die Tiefe. Dai-dalos vernahm den verzweifelten Wehschrei des Knaben, der sei-nen Vater um Hilfe rief. Angstvoll schaute Daidalos in den Lüften umher, schaute suchend zurück und rief: «Ikaros, Ikaros, wo bist du?» Aber keine Antwort kam. Da erblickte er auf den Wellen das Flügelpaar. Nun wußte er, was geschehen war. Tief aufseufzte er und sprach: «O Talos, nun bist du gerächt.» Trostlos senkte er seinen Flug und landete auf der nahen Insel. Am Strand irrte er, sich und seine Kunst verfluchend, auf und ab und spähte aufs Meer, ob die Wellen den Leichnam des Knaben zurückgäben. Und die Wellen spülten ihn an Land, und der Vater bestattete seinen Sohn und seine Hoffnung in die fremde Erde. Alle Inselbewohner nahmen Anteil und bedeckten den schönen Leib des Knaben mit Blumen. – Die Insel trägt seither den Namen Ikaria, das Meer aber, in das der Knabe abgestürzt, heißt das Ikarische.

Von Ikaria aus begab sich Daidalos auf einem Schiff nach Sizi-lien. Auf fremder Erde, unter fremden Menschen, hoffte er seinen Schmerz zu vergessen.

In Sizilien fand er bei König Kokalos gastliche Aufnahme. Auch hier ward Daidalos durch seine Erfindungsgabe und Kunstkraft rasch berühmt, und durch seine Werke erwarb er sich die Freundschaft des Königs. Kokalos nahm ihn als seinen Tischgenossen auf. Auf Sizilien schuf Daidalos einen herrlichen Tempel für die Göttin Aphrodite. Dann erbaute er auf unzugänglichem Felsengrat eine Burg, in der der König seine Schätze barg. Als drittes Wunderwerk wird ihm die Höhle nachgerühmt, die er in einen Berg gegraben, so tief, daß das unterirdische Feuer Wärme spendete, welche den Kranken Heilung brachte.

Längst verwünschte König Minos von Kreta sein Mißtrauen, das ihm die Freundschaft und den Umgang mit Daidalos geraubt. Er war bereit, hohes Lösegeld zu bieten, wenn er dadurch den großen Meister hätte wiedergewinnen können. Seine Sehnsucht nach ihm war so groß, daß er überall dort hinfuhr, wo er hörte, daß ein großer Künstler am Werk sei. Er wähnte aber, der Vorsichtige halte sich versteckt oder lebe unter einem andern Namen, weil er seine Nachstellungen befürchtete, und so dachte Minos durch eine List den unübertrefflichen Künstler sicher herauszufinden: der Meister sollte in das Haus einer Meerschnecke einen goldenen Faden ziehen. Minos war sicher, daß dies nur Daidalos gelinge.

Als er nun von dem großen Künstler hörte, der auf Sizilien baute, machte er sich auf, um auch ihn zu prüfen. Er bat den König Kokalos, er möge seinem Baumeister das Probestück vorsetzen.

Sowie es Daidalos in die Hände bekam, fiel ihm auch schon die Lösung ein: an der Spitze oben, wo das Schneckenhaus ein kleines Löchlein hatte, ließ er eine Ameise hineinkriechen, an die er mit geschickter Hand den goldenen Faden gebunden hatte, und siehe da: das Tierchen fand den Weg durch die Windungen zur großen Öffnung, und der Faden war durchgezogen.

Als man Minos die Lösung überbrachte, rief er erfreut: «Dieses Kunstwerk kann nur Daidalos vollbracht haben!» Er bot Gold in Fülle und bat den König, ihm seinen Freund und Baumeister wieder zurückzugeben.

Kokalos aber und auch seine Töchter wollten den Umgang mit Daidalos nicht missen. Da er aber die Macht des Kreters scheute, lockte er ihn in einen Hinterhalt. König Minos wurde zu einem Gastmahl auf die Burg geladen. Als Minos der Sitte gemäß ein Bad nahm, wurde ihm das Wasser so erhitzt, daß er im heißen Wasser umkam. Der Begleitung ward angegeben, der König sei im Bade ausgeglitten und verunglückt. Um allen bösen Schein zu meiden, bauten sie für Minos ein prächtiges Kuppelgrab, in dem er bestattet wurde.

So hatte Kokalos schwere Schuld auf sich geladen, nur um Daidalos an seinem Hof behalten zu können.

Viele Jünglinge sammelten sich um den alternden Meister. Er unterwies sie im Bauen und Bildhauen, und aus seinen Schülern gingen die tüchtigsten Meister hervor, welche die neue Kunstweise des Daidalos überallhin verbreiteten.

Aber, obwohl Daidalos geliebt und hochgeachtet war und wie ein Fürst in eigenem Palaste lebte, ward seine Seele seit dem Tod des Ikaros nicht mehr froh und heiter. Vom Trübsinn umwölkt, starb er in hohem Alter.

ÖDIPUS

In Theben, der Stadt mit den sieben Toren, herrschte Laios. Er war mit der jungen Jokaste vermählt. Nichts fehlte zu ihrem Glück, als daß die Götter sie mit Kindern gesegnet hätten. Darum wanderte der König nach Delphi, um den Willen der Götter zu erforschen und Apollo in seinem Tempel anzuflehen, er möge ihm Kinder und vor allem einen Erben des Königreiches schenken. Er erhielt zur Antwort den Orakelspruch:

«Laios, des Labdakos Sohn, du erflehst dir den
    Segen der Kinder;
Wohl, ich will dir verleih'n einen Sohn, doch ist
    dir verhänget,
Durch die Hände des Sohnes zu sterben. Denn also
    bestimmt es
Zeus der Kronide, gerührt von den traurigen
    Flüchen des Pelops,
Dem du geraubet den Sohn; der hat dies all dir
    gewünschet.»

Der König erschrak, als er das Orakel vernahm. Es weckte in seiner Seele Bilder der Erinnerung an einen Frevel, den er einst verübt hatte: In jungen Jahren kam er als Flüchtling zu König Pelops und ward gastfreundlich aufgenommen. Er verletzte aber das heilige Gastrecht, worüber Zeus waltet, und entführte des Pelops einzigen Sohn, der sich vor Kummer das Leben nahm. Der König verfluchte den Frevler und rief: «Das soll dir zum Schicksal werden, daß du durch die Hand des eigenen Sohnes umkommst.» Dieser Fluch ward ihm nun durch das Orakel als der Götter Wille verkündet.

Bedrückt kehrte Laios nach Theben zurück. Als bald danach in dem Königshaus ein Sohn geboren wurde, ward keine Freude laut. Angst und Sorge erfüllten die Mutter, und den Vater verdüsterte sein Verhängnis. Dunkles sann er. Nach drei Tagen nahm er das Kind, durchbohrte ihm mit einem spitzen Eisen die Füße und band sie fest zusammen. Danach übergab er das Kind im Beisein der Königin einem Sklaven, der am Kithairongebirge die Rinder hütete, und befahl ihm, es in der Wildnis auszusetzen. «Da wird es verhungern, oder die wilden Tiere werden es zerreißen», sprach der König, «und sollte der Knabe doch weiterleben, käme er je als Fremdling an meinen Hof zurück, ich würde ihn an den Füßen wiedererkennen.»

Der Sklave aber empfand Mitleid mit dem Knäblein, und statt den Befehl seines Herrn auszuführen, übergab er es heimlich einem Hirten, der auf der anderen Seite des Berges seine Herden hütete. Dieser brachte das Kind seinem Herrn, dem König Polybos von Korinth. Weil ihm und seiner Gattin keine Kinder geschenkt worden waren, nahmen sie das Findelkind mit herzlicher Freude auf. Sorgsam pflegten sie seine Wunden und heilten sie mit Kräutern und Salben. Da der Knabe aufgeschwollene Füße hatte, als ihn der Hirt brachte, gaben sie ihm den Namen Ödipus, das heißt «Schwellfuß».

Die Königin betreute das Kind mit ihren Frauen, als wäre es ihr eigenes, und als es sieben Jahre alt geworden war, nahm der König die Erziehung des Knaben in die Hand. Schön und kräftig wuchs er heran. Als Jüngling siegte er im edlen Wettkampf über seine Altersgenossen und galt, zum Manne geworden, als der erste Bürger von Korinth.

Einmal nahm Ödipus an einem festlichen Trinkgelage teil. Als der Becher reichlich die Runde gemacht hatte, spottete einer mit loser Zunge über Ödipus und nannte ihn einen Untergeschobenen. Der Spötter ward von den Anwesenden ausgescholten und zum Schweigen gebracht. Aber das Wort, wenn auch im Rausche gesprochen, wühlte in Ödipus bange Zweifel auf. Früh am andern Morgen trat er vor die Eltern, erzählte ihnen, was ihm vorgeworfen worden war und begehrte zu wissen, was es mit seiner Herkunft für eine Bewandtnis habe. Vater und Mutter suchten seinen Zorn zu besänftigen und mit gütigen Worten seine Zweifel zu beschwichtigen. Aber die Worte der Eltern verscheuchten ihm nicht die peinigende Frage nach seiner Herkunft. So verließ er denn, ohne den Vater zu fragen, die Stadt, und tat, was so jung, wie er war, noch keiner vor ihm getan hatte: er drang in den Tempel des Apollo zu Delphi ein und forderte ungestüm Antwort vom Gotte. Die Priesterin sprach: «Das ist dein Schicksal: du wirst deinen Vater töten und deine Mutter heiraten, und deine Kinder werden im Unglück sterben.» Es sträubten sich ihm die Haare vor Entsetzen, als er diese Worte vernahm. Um dem schweren Verhängnis zu entfliehen, tat er einen heiligen Schwur: niemals nach Korinth zurückzukehren, so schwer es ihm auch immer fallen würde, seine geliebten Eltern nicht mehr von Angesicht zu sehen. Bedrückt verließ er Delphi. Als er an den Dreiweg kam, schritt er in entgegengesetzter Richtung, als er zuvor gekommen war, und wählte den dunklen Hohlweg zwischen bewaldeten Bergen, der ins Königreich Theben führte. Er glaubte so seinem Schicksal zu entfliehen. Kaum hatte er ihn betreten, kam ihm knarrend ein Wagen entgegen. Darauf saß ein Mann mit ergrauten Haaren; ein Wagenlenker zügelte die Pferde, und einige Diener folgten zu Fuß. Der Wagenlenker stieß, um besser Platz zu bekommen, den Wanderer auf die Seite; der aber brauste auf und setzte sich zur Wehr. Da stach ihn der Alte mit dem Stachelstabe, mit dem man die Pferde antrieb. Jäh flammte der Zorn in Ödipus auf. Er ergriff seinen Wanderstab und schlug zurück. Ungewollt tötete er den Alten mit einem Schlag. Nun griffen ihn die Begleiter an, um den Tod ihres Herrn zu rächen. Im Zorn erschlug er sie alle bis auf einen, der unbemerkt entfliehen konnte. Danach schritt Ödipus weiter und gelangte in das Königreich Theben.

In diesem Land lebten die Leute in Furcht und Bangen. Aus der Unterwelt war eine Sphinx heraufgestiegen und hielt die Stadt in Schrecken. Die Sphinx war menschlich gestaltet an Kopf und Brust, hatte aber einen Löwenleib mit gewaltigen Flügeln und starken Pranken. Sie saß auf einem Felsen an der Straße nach Theben und gab jedem Vorbeigehenden Rätsel auf. Konnte einer die Lösung nicht finden, so stieß sie ihn in den Abgrund. Viele Opfer hatte die Sphinx gefordert, und mancher mutige Mann war hinausgegangen, um die Stadt von diesem Wesen zu befreien, aber keiner war zurückgekommen. In dieser Not hatte sich Laios, der König von Theben, aufgemacht nach Delphi, um beim weissagenden Gotte Rat zu holen. Bald aber kehrte ein Diener zurück, der ihn begleitet hatte, und brachte die Botschaft, der König sei von Räubern überfallen und erschlagen worden; er allein habe fliehen können.

In diesem zweifachen Unglück, das die Stadt betroffen hatte, nahm Kreon, der Bruder der Königin, die Regierung in die Hände und ließ verkünden, wer das Rätsel der Sphinx lösen könne, solle König von Theben werden, sei er nun Bürger der Stadt oder ein Fremdling, und die Königin zur Gattin erhalten.

Eben zu dieser Zeit betrat Ödipus die Stadt. Er hörte von dem Unglück und anerbot sich, das Rätsel zu lösen und die Stadt zu befreien. Die Thebaner gaben ihm das Geleit bis vors Stadttor. Furchtlos trat Ödipus vor die Sphinx hin. Sie aber stellte ihm das

Rätsel: «Was ist das für ein Wesen, das am Morgen vierfüßig ist, am Mittag auf zwei Füßen geht und am Abend auf dreien? Geht es auf den meisten Beinen, hat es am wenigsten Kraft und Schnelligkeit. Von allen Lebewesen verändert es allein seine Gestalt und die Zahl seiner Füße; bleibend nur ist seine Stimme.»

«Das ist der Mensch», rief Ödipus nach kurzem Besinnen. «Als kleines Kind kriecht er auf Händen und Füßen, dann richtet er sich auf und ist kraftvoll am Mittag seines Lebens, und als Greis wankt er, auf den Stock gestützt, dem Grabe zu. Wie er auch seine Gestalt wechselt, ist er doch immer er selbst.» Kaum hatte er dies ausgesprochen, stürzte die Sphinx über den Felsen und zerschellte in der Tiefe; denn es war ihr geweissagt, daß sie umkommen werde, wenn es einem Menschen gelinge, ihr Rätsel zu lösen.

Jubelnd empfingen die Thebaner den zurückkehrenden Fremdling und begrüßten ihn als König und Befreier der Stadt. Er ward mit der Königin vermählt und regierte die Stadt mit klugem Sinn. Vor allem rühmte man ihn seiner unbestechlichen Gerechtigkeit wegen, und er wurde von allen geliebt, obwohl er ein Fremder war. Ödipus lebte glücklich und sah zu seiner Freude zwei Söhne und zwei Töchter heranwachsen, die ihm die Gemahlin geschenkt hatte.

Nun aber duldeten die Götter nicht länger, daß des Ödipus Frevel wider alle göttliche und menschliche Satzung ungerächt blieb. Darum schickten sie eine Pest über das Land. Viele Bürger der Stadt siechten dahin, das Vieh auf den Feldern starb, die Saaten welkten. König und Volk nahmen das Unglück als ein göttliches Zeichen und spendeten Reinigungs- und Sühneopfer. Als aber nichts die Unterirdischen und die Himmlischen zu versöhnen vermochte, schickte Ödipus seinen Schwager Kreon nach Delphi und ließ um Rat fragen. Er brachte die Kunde und sprach vor König und versammeltem Volk: «Also ließ sich die Priesterin des weissagenden Gottes vernehmen: Ungesühnt noch ist der Tod des Laios, und der Mörder lebt unerkannt und ungestraft mitten unter euch. Nicht eher wird die Pest weichen, als ihr den Mörder ergreift.»

Entsetzt wich das Volk in die Häuser, als es diesen Spruch vernahm. Der König begann alsobald eifrig nachzuforschen. Er berief die Ältesten der Stadt und fragte sie aus; straflos sollte der sein, der den Mörder gekannt oder von ihm gewußt und es bis jetzt verschwiegen hatte. Aber keiner konnte sich erinnern, daß je einmal vom Täter etwas bekanntgeworden war. Da verfluchte Ödipus den, der den Mörder an seinem Herde beherberge. «Der Fluch soll auch mich treffen», sprach er, «wenn er an meinem Herde säße.» Und den Mörder verfluchte er also: «Nicht Haus noch gastlichen Herd soll er mehr finden in der Stadt, kein Tempel ihm die Tore öffnen; heimatlos soll er werden und das Königreich verlassen.» – Als alles Fragen und Forschen zu nichts führte, ward Ödipus mißtrauisch, und Argwohn drohte seinen Sinn zu trüben.

Nun riet Kreon, den Seher Teiresias zu Rate zu ziehen. Der König schickte seinen Schwager auf den Berg, wo der Alte wohnte, und bat ihn zu kommen. Lange ließ er auf sich warten; der Seher weigerte sich zu kommen, weil er alles durchschaut hatte und das nahende Unheil voraussah. Endlich, nach erneutem Bitten, kam der blinde Greis, von einem Knaben geführt, und sprach zum König: «Besser wäre es, du ließest mich allein wissen, was ich weiß; denn was ich dir zu sagen habe, gereicht dir zum Unheil.» – «Wie, du kennst den Mörder und willst nicht reden? Soll denn die ganze Stadt verderben?» fragte Ödipus erregt. Teiresias antwortete: «Du magst wüten, wie es dir gefällt, ich aber ziehe vor, zu schweigen.» – «So höre denn, was ich vermute», rief Ödipus im höchsten Zorn: «Du selbst stecktest wohl mit andern hinter dem Plan, Laios zu ermorden, und wärest du nicht blind, ich würde

sagen, du hättest ihn auch erschlagen.» Auf diese Schmähung erst
antwortete der Seher und sprach: «So vernimm: Der Fluch, den
du ausgesprochen hast, treffe dich! Denn du selbst bist der Mörder
des Laios!» – König Ödipus schalt ihn einen frechen Schwätzer
und drohte ihm mit schweren Strafen. Argwöhnend, Kreon
trachte insgeheim nach dem Königsthron, sagte er, der Seher sei
von ihm bestochen worden, falsche Aussagen zu machen; Teiresias
sei blind geworden für die Wahrheit, nicht aber für das Geld. Daß
ihn die Seherkraft verlassen habe, sei schon offenbar geworden,
als die Sphinx die Stadt bedrohte. Da sei der Seher stumm geblieben, doch er habe das Rätsel zu lösen vermocht.

Teiresias wiederholte, was er erschaut und sprach: «Jetzt höhnst
du mich, aber ich sehe deinen Fall ehe die Sonne sich zeigt, und ich
höre dein Wehklagen und Jammern, wenn Apollon allen Frevel
an den Tag gebracht haben wird.» – «Geh mir aus den Augen, du
Tor», schalt Ödipus und wandte sich von ihm weg. Ruhig sprach
Teiresias: «Ich kam, weil du mich holen ließest; du nennst mich
Tor, doch wisse, deine Eltern nannten mich weise.» Dies Wort erst
brachte Ödipus zur Besinnung und er fragte den Seher: «Welches
sind meine Eltern?» «Der heutige Tag wird es dich lehren», antwortete er und ließ sich durch den Knaben wegführen.

Jetzt trat Kreon ein. Es war ihm zu Ohren gekommen, daß ihn
der König verdächtigte, nach dem Thron zu trachten, und er
wollte seine Unschuld dartun. Der König aber war so verblendet,
daß er nichts hören konnte, sondern ihm mit dem Tode drohte.
Jokaste hatte im Frauensaal das bittere Streiten gehört. Sie trat zu
den beiden. Es gelang ihr, Ödipus zu beruhigen, daß er seinen
Zorn mäßigte und Kreon freiließ. Jokaste fragte Ödipus nach der
Ursache seines Zorns, und er erzählte ihr, was der Seher gesprochen. Die Königin entgegnete: «Laß dich nicht bedrücken durch
des Sehers Worte. Für mich ist es klar, daß in keinem Menschen

Seherkraft wohnt: Meinem Gatten ist auch geweissagt worden, er werde durch seinen Sohn sterben – und doch ist er nicht durch den Sohn, sondern von Räubern erschlagen worden beim Dreiweg; denn wir haben unsern Sohn ausgesetzt in die Wildnis, wo er umgekommen ist.» Bei dem Wort «Dreiweg» war es Ödipus, als würde er von einem Blitz getroffen. Er bat Jokaste, daß sie ihm genau erzähle, wie Laios ausgesehen habe, wie die Umstände gewesen seien, als er erschlagen worden sei. Ein einziger Sklave, sagte sie, sei entkommen, der es gesehen und ihr erzählt habe. Ödipus schauderte, als sie erzählte: alles schien mit dem übereinzustimmen, was er an eben demselben Ort erlebt hatte. «Wehe!» rief er, «ich fürchte, der Seher hat wahr gesprochen! Nur noch eine Hoffnung bleibt: Der König ist, wie du erzähltest, durch Räuber erschlagen worden. Nun muß der Sklave herbeigeholt werden, denn durch sein Zeugnis allein kann die Wahrheit an den Tag kommen.» Er schickte einen Boten nach ihm in die Berge. Während er wartete, sprach er zu seiner Gemahlin: «Wohin soll ich mich wenden, wenn ich der Mörder des Königs bin? Schreckliches ist mir geweissagt: ich würde meinen Vater töten und die Mutter heiraten.»

Unterdes meldete sich ein Bote aus Korinth und sprach: «Das habe ich dir zu berichten: Polybos ist tot, und die Korinther rufen dich als ihren König auf den verlassenen Thron.» Jokaste sprach: «Was erzähltest du, daß die Orakel dir weissagten? Siehe, jetzt ist dein Vater tot; nicht erschlagen durch deine Hand – der Tod hat den Greis im Schlummer geholt, wie uns der Alte da berichtet.» Ödipus aber sprach zögernd: «Noch lebt meine Mutter Merope, von der mir geweissagt ist, ich würde sie heiraten.» Der Bote hörte diese Worte und sprach: «Was kümmerst du dich, König? Merope ist nicht deine leibliche Mutter; wisse, ich habe dich auf diesen meinen Armen zu ihr gebracht, als ein Hirt dich mir gegeben hatte. Wie jammervoll sahst du aus, wie erbarmtest du mich: geschwollen waren deine Füße und durchstochen!»

Bei diesen Worten ward Jokaste schreckensbleich und rief: «Forsche nicht weiter, laß ab, Unglücklicher, ich flehe dich an.» Ödipus rief: «Ich muß erfahren, wer ich bin, es breche herein, was da wolle.» Da wandte sich Jokaste schaudernd und wankte in das Frauengemach. Ödipus sah ihr nach und sprach zu sich selbst: «Ob sie fürchtet, es werde des Findelkindes niedrige Herkunft offenbar?»

Während er diesen Gedanken nachsann, trat zitternd der greise Sklave ein. Ahnend, warum er geholt worden war, weigerte er sich zu reden. Da rief Ödipus: «Ich werde dich züchtigen lassen, wenn du nicht sprichst!» Nun erzählte der Alte, wie Laios umgekommen war. Aus Furcht, der Feigheit bezichtigt zu werden, hatte er damals vorgegeben, der König sei von Räubern überfallen worden.

Als er gesprochen hatte, wandte sich der Korinther zum König und sagte: «Wie sich doch alles fügt! dieser, o König, mag bezeugen, daß wahr ist, was ich dir gesagt habe. Er ist's, der dich in meine Arme gegeben hat im Kithairongebirge!» Und zum Hirten gewandt, sprach er: «Erkennst du mich, Alter? Sprich, hast nicht du mir vor vielen Jahren ein Kindlein gegeben, dessen Füße durchstochen und geschwollen waren, und das du hättest aussetzen sollen?» Der Alte erkannte nun den Korinther, und es wankten ihm die Knie vor Schrecken und Furcht. Ödipus sprach: «Fürchte dich nicht, Alter, sprich, kannst du es bezeugen?» Und der Sklave bekannte: «Wahrlich, ich erkenne ihn. Ihm übergab ich das Kind, das ich auf Laios Befehl hätte aussetzen sollen.»

Also war der Frevel des Ödipus offenbar geworden, ehe die Sonne untergegangen. Wer vermag das Entsetzen und den Jammer des Königs zu beschreiben? Fassungslos stürzte er in den

Palast und rief: «Wo ist meine Gattin – nicht Gattin – meine Mutter?»

Die Nachricht vom Unheil, welches über das Königshaus hereingebrochen war, verbreitete sich einem Lauffeuer gleich, und teilnahmsvoll versammelte sich das Volk vor dem Palast.

Da trat ein Diener heraus und brachte neue Schreckenskunde: Ödipus habe nach einem Schwert verlangt und sei wie ein Rasender wehrufend durch den Palast geeilt ins Schlafgemach der Königin: dort habe er sie entseelt gefunden. Durch eigenen Willen sei Jokaste aus dem Leben geschieden. Dann habe er der Verblichenen die Kleider gelöst und, im Wahnsinn rasend, mit der goldenen Kleiderspange sich die Augen ausgestochen und gerufen: «Nicht mehr sollen sie die Sonne schauen, sie, die den Frevel nicht gesehen haben, in dem ich lebte.»

Kaum hatte der Diener geendet, wankte der geblendete König tastend heran und bat das Volk, daß es ihn in die Wildnis verstoße oder ihn steinige. Schaudernd schwieg alles. Kreon aber führte ihn in den Palast zurück, damit sein Anblick der Sonne und den Menschen nicht zum Greuel werde. Er hieß ihn zu bleiben, bis Apollo durch der Priesterin Mund über sein Schicksal entschieden habe.

Lange Jahre hielt sich Ödipus im Innern des Palastes verborgen. Er hatte sich mit dem Willen der Götter ausgesöhnt und ertrug sein Geschick. Als er aber alt geworden war, verbannten ihn Kreon und die Thebaner, damit er nicht in der Stadt sterbe und das Land noch nach seinem Tode beflecke. Seine Söhne hätten die Verbannung verhindern können, aber sie waren hartherzig gegen den Vater und strebten danach, die Herrschaft an sich zu reißen. Deshalb überließen sie ihn seinem Schicksal.

Ödipus mußte das Land verlassen. Als Bettler zog er von Ort

zu Ort, geführt durch seine Tochter Antigone. Wo der Blinde hinkam, nahmen ihn die Leute mitleidig auf; nannte er aber seinen Namen, wichen sie entsetzt vor ihm zurück, ja versagten ihm die Speise, denn sein schreckliches Schicksal war allerorts bekannt, und keiner wollte mit dem also von den Göttern Geächteten und Gezeichneten unter einem Dache weilen. So war er denn auch in der Fremde von allen Menschen verlassen und irrte viele Jahre ruhelos umher. Auf seiner Wanderung gelangte er einst in einen Hain von dunkelschattenden Lorbeer- und Zypressenbäumen. An diesem Ort des Friedens begehrte er zu weilen, und er bat seine Tochter, daß sie ihn auf einem Stein im Schatten ruhen lasse und nachforsche, wo sie sich befänden. Da nahten ehrwürdige Greise, die Hüter des Haines, und riefen: «Wer bist du, daß du es wagst, diesen heiligen Ort zu betreten?» Ödipus, aus tiefem Sinnen aufgeschreckt, erhob sich, schritt tastend in die Richtung der Rufenden, streckte bittend seine Arme aus und sprach: «Ich komme als Schutzflehender zu euch. Nennt mir die ehrwürdigen Gottheiten des Haines und sagt mir, wo ich bin.» Die Alten antworteten: «Die Erinnyen, die furchtbaren Göttinnen des Fluches und der Rache, wohnen hier; wir aber nennen sie die Huldreichen. Wir sind Bürger von Athen und Hüter des Heiligtums.» Ödipus sprach: «So finde ich endlich die ersehnte Ruhe in dem Hain der Göttinnen, die mich, den Verfluchten, das ganze Leben verfolgten.» – «Wer bist du denn, bejammernswürdiger Greis?» Ödipus nannte seinen Namen. «Ödipus! König Ödipus, der Verfluchte! Weiche und entheilige nicht diesen Ort!» riefen sie voll Schrecken. Ödipus sprach: «Ereifert und vergeht euch nicht gegen einen, dem die Götter endlich Schutz gewähren. Denn mir ist verheißen, daß ich im Haine der rächenden Gottheiten mein fluchbeladenes Leben beschließe. So geht und bittet König Theseus hierher, ich habe ihm etwas Wichtiges zu sagen.»

Während die Greise in die Stadt eilten, kam Antigone zurück und brachte ihre Schwester Ismene mit. Diese hatte Theben verlassen und war ihnen hierher nachgefolgt, um dem Vater Nachricht zu bringen. «Die Brüder haben sich entzweit», sprach sie, «und liegen haßerfüllt im Streite. Polyneikes rückt mit Feinden an und bedroht Theben. Eteokles verteidigt mit Kreon die Stadt. Kreon wird kommen, um dich zu holen. Lebend oder tot will dich Eteokles in Theben haben; denn es ist dem der Sieg geweissagt, der dich in den Reihen der Kämpfenden hat.» – «Und werden sie mich in thebanischer Erde bestatten, wenn ich hingehe und die Brüder versöhne?» fragte Ödipus. «Nein, Vater», sagte Ismene, «deiner Blutschuld wegen dürfen sie es nicht tun. Stirbst du, werden sie dich außer Landes in fremder Erde bestatten.» Tiefauf seufzte Ödipus und beschloß in seinem Herzen, ihnen nicht zu folgen.

Kaum hatte Ismene gesprochen, kam Theseus herbeigeeilt. Ehrfurchtsvoll begrüßte er den Dulder und gewährte ihm Schutz und Beistand. Während Theseus heilige Reinigungsopfer verrichtete, nahte sich Kreon, grüßte Ödipus und sprach mit heuchlerischen Worten, daß er komme, von Eteokles gesandt, um ihn nach Theben zurückzubringen. Ödipus weigerte sich, mit ihm zu gehen. Da gebrauchte Kreon Gewalt und wollte den Greis und die Töchter gefangennehmen und wegschleppen. Auf den Waffenlärm und die Hilferufe eilte Theseus herbei, befreite Ödipus und die Töchter, und Kreon entwich.

Kurz danach kam Polyneikes, der mit seinen Kriegern vor Theben stand und versuchte auch, sich des Vaters zu bemächtigen. Weinend kniete er vor dem Vater und bat ihn, mit ihm zu kommen, damit er siege gegen den verhaßten Bruder und Ödipus wieder als König einsetzen könne. Da richtete sich Ödipus auf und sprach die prophetischen Worte: «Es ist zu spät. Jetzt helfen keine

Tränen mehr. Ich stehe an der Schwelle der Unterwelt und werde, versöhnt mit den Göttern, unter den Schatten wandeln. Euch aber werden die Rachegeister verfolgen. Umkommen werdet ihr im gräßlichen Kampf, jeder wird mit eigener Hand den Bruder töten!» – Alle Umstehenden schauderten. Der Verfluchte schlich weinend davon.

Da donnerte es aus den Tiefen der Erde. Ödipus erkannte dieses Zeichen und schritt, von seinen Töchtern und Theseus begleitet, in den Hain zu dem heiligen Ort, wo ein Abgrund gähnte und eine eherne Schwelle den Eingang zur Unterwelt bezeichnete. Hochaufgerichtet schritt er, als wäre er sehend. In der Nähe der Schwelle setzte er sich, löste sein Bettlergewand und bat die Töchter, ihn zu reinigen und in weiße Linnen zu kleiden. Danach nahm er Abschied von ihnen. Er tröstete die Weinenden und legte ihre Hände in die Hand des Königs und empfahl sie seiner Obhut. Noch einmal erdröhnte die Erde, und aus der Tiefe rief eine Stimme: «Auf, Ödipus, was säumst du und zögerst? Laß uns denn gehen.» Er löste sich aus den Armen der Töchter und bat sie den Ort zu verlassen. Nur Theseus durfte bei ihm weilen. Er teilte ihm ein Geheimnis mit, das dieser und fortan alle Könige von Athen sterbend ihren Nachfolgern offenbarten.

Nun dröhnte die Erde zum drittenmal. Als die Mädchen aus der Ferne scheu zurückschauten, war Ödipus der Erde entrückt. Sie sahen nur noch, wie Theseus am Abgrund stand und mit den Händen die Augen verdeckte, als würde er von übermäßigem Glanze geblendet. Dann erhob er seine Arme betend zu den Himmlischen, kniete nieder und verehrte mit verhülltem Haupt auch die Unterirdischen. Danach schritt er sinnend aus dem Hain und spendete den Göttern feierlich die Totenopfer.

Die Stelle, wo Ödipus die Erde verlassen hatte, blieb den Athenern für alle Zeit ein Ort der Zuflucht und des Schutzes. Den

Söhnen des Ödipus aber ward der Vaterfluch zum Schicksal. Im Kampfgewühl um die Herrschaft über Theben stürzten sie wie Löwen aufeinander und brachten sich im Zweikampf um.

Nach ihrem Tode fiel die Königswürde Kreon zu. Die Fülle der Macht verblendete ihn, und er ward ein gewalttätiger Herrscher. Wohl ordnete er an, daß Eteokles in thebanischer Erde feierlich begraben werde. Weil Polyneikes aber als Feind der Stadt gefallen war, verbot Kreon bei Todesstrafe, ihn zu begraben. So lag denn der Leib des Polyneikes außerhalb der Stadtmauer, unbestattet, von den Vögeln und Hunden entehrt.

Antigone aber wagte es, dem Gebot ihres Oheims Trotz zu bieten. Denn den ehrwürdigen, ungeschriebenen Satzungen der Unterirdischen zu gehorchen, schien ihr die ältere und höhere Pflicht.

Und so ging sie heimlich hinaus vor die Stadt aufs Feld, wo Polyneikes lag, spendete die Totenopfer und bestreute den Leichnam des Bruders mit so viel Erde, daß dem Gebot der Totengötter Genüge getan war, und die Seele des Polyneikes Ruhe finden konnte.

Bei dieser heiligen Handlung überraschten sie die Wächter des Kreon und schleppten sie vor den König. Kreon verhörte sie und verurteilte sie zum Tode. Obwohl sein eigener Sohn um das Leben Antigones, seiner Braut, flehte, obwohl das Volk murrte und sich empörte über Kreon, der in seiner Verblendung Menschensatzung über Göttergebot und uralt heilige Pflichten zu stellen wagte, blieb er hart. Er ließ Antigone einmauern.

Als auch Ismene freudlos dahin gestorben war, erlosch das Geschlecht des Ödipus. Und so hatte sich das Schicksal erfüllt, wie es Ödipus einst geweissagt worden war.

ION

König Erechtheus von Athen hatte eine liebliche Tochter, Kreusa genannt. Obwohl noch fast ein Mädchen, war die Lilienarmige die Geliebte Apollos.

Einst pflückte die Jungfrau am Burgfelsen safranfarbige Krokusblüten, da überraschte sie der Gott. Vom Golde der Locken umglänzt, führte er sie in die nahe Grotte des Pan und vermählte sich heimlich mit ihr.

Als Kreusa einem Knaben das Leben schenkte, fürchtete sie Zorn und Strafe des Vaters. In ihrer Angst und Not setzte sie das Kind in der Grotte am Burgfelsen aus, geborgen in einem geflochtenen Körbchen und sorglich in feine Tücher gehüllt.

Ihre einzige Hoffnung war, daß ihr Geliebter sich des verlassenen Knaben erbarme und sich seiner annahm. Vorsorglich hatte sie ein goldenes Kleinod in das Körbchen gelegt, woran sie das Kind unfehlbar würde wiedererkennen können.

Und Apollon, der den Menschen das Schicksal enthüllt, auf goldenem Dreifuß thronend in der Mitte der Erde, vernahm das Flehen der geängstigten Mutter und erbarmte sich des Kindes. Noch in der selben Nacht sandte er Hermes, den geflügelten Boten der Götter hin in die Grotte, hieß ihn das Kindlein holen und nach Delphi bringen. Hermes legte das Körbchen dem Rat des Apollo folgend an die Pforte des großen Tempels.

Als im Frühlicht des aufgehenden Tages die hohe Priesterin in die Pforte des Tempels trat, sah sie das Körbchen. Erstaunt öffnete sie es und fand ein neugeborenes Kind darin, das sanft schlummerte. In der ersten Erregung dachte sie an ein heimliches Verbrechen und wollte das Körbchen entfernen lassen, doch Apollo wandte ihr Herz und Sinn: sie empfand Mitleid, kniete nieder und nahm das Kind in ihre Arme und beschloß es aufzuziehen und ihm Mutter zu sein. So wuchs der Findling im Tempel auf, und unwissend spielte er am Altar seines Vaters. Als er zum Jüngling herangereift war, trat er als Priester Apolls in den heiligen Tempeldienst ein, und die Delphier bestellten ihn zum Hüter der Schätze und Weihegaben, die dem Gotte dargebracht wurden.

Inzwischen hatte Erechtheus seine Tochter dem Xuthos vermählt. Xuthos, vom Vater her göttlicher Abstammung, war aus Thessalien eingewandert nach Athen und hatte dem alternden König einen Krieg gewonnen. Zum Dank bekam er Kreusa zur Gemahlin. Aber ihrer Ehe blieb der Segen der Kinder versagt. Nach Jahren vergeblichen Hoffens beschlossen die beiden, nach Delphi zu wandern und Apollo um einen Sohn zu bitten, der ihr Alter erfreue und die Herrschaft seines Vaters dereinst übernehme; denn lange schon war Xuthos König von Athen geworden.

Bevor sie das heilige Delphi erreichten, trennten sie sich für kurze Zeit. Xuthos suchte noch ein nahe gelegenes besonderes Heiligtum auf, während Kreusa, begleitet von ihren Mägden und einem alten, treuen Diener, weiterschritt und bei Gastfreunden Aufnahme fand.

An dem Morgen, da sie geläutert vom kristallenen Quell der Kastalia den heiligen Bezirk betrat und sich ehrfürchtig dem Tempel nahte, trat, vom Gotte bewegt, der Jüngling aus der Pforte auf die Stufen, hob die Arme und begrüßte das Licht des aufgehenden Tages, das den Gipfel des Parnassos bestrahlte und nun stufenweise herab sich senkte:

«Siehe, da lenket die feurigen Rosse Hyperion
über den Erdkreis herauf,

die funkelnden Sterne fliehen vor seinem Strahl
in den Schoß der heiligen Nacht.
Des Parnassos unbewandelte Höhen empfangen früh
das Licht des erwachenden Tages,
das jetzo tiefer sich senkt und ringsum leuchtet
den tätig schaffenden Menschen.
Vom Altar steigt der sonnigen Myrrhe Duft
auf zu des Tempels Gebälk.
Auf heiligem Dreifuß thronend,
singt die Priesterin dem fragenden Volk die Sprüche,
mit denen Apoll sie umtönt.
Ihr Delphier, Diener Apollons, auf!
Zieht hin zur silbern schimmernden Flut der Quelle Kastalia
und netzt in reinem Tau eure Glieder,
dann steiget zum Tempel hinan.
Zu Worten des Heils nur weihet den Mund.
Laßt Heilsames nur, die Rat fragen den Gott,
von euren Lippen vernehmen!»
Und also frohlockte der Jüngling, sich der Arbeit
zuwendend:
«Welch schönen Dienst, o Apoll,
darf auch ich dir leisten im göttlichen Haus.
Von eifrigem Mühen will ich nimmer weichen.
Phoibos ist Vater und Erzeuger mir,
ihn meinen Retter preise ich hoch.
Denn Vater ist, wer väterlich handelt
wie Phoibos an mir getan.»
Dankerfüllt rief er:
«O Paian, o Paian sei glückschenkend mir,
gepriesen und glückselig seist ewig du,
o Letos Sproß!»

Nach diesem Hymnos hing er frische Kränze und duftende Lorbeerzweige an die Pforte des Tempels und begann heiteren Sinnes den Vorplatz mit Wasser zu reinigen. Da sah er eine Frau würdevoll heranschreiten, umgeben von ihrer Dienerschaft. Tränen stürzten ihr in die Augen, als sie dem Heiligtum nahte und den edlen Jüngling sah.

Ein altes Erinnern stieg in ihrem Busen auf: ihr frühes Geschick, die Liebe Apolls und die Aussetzung des Kindleins. Der junge Priester schritt auf die Frau zu und fragte mitleidend nach der Ursache ihres Kummers. «Was bedrückt dich so, edle Frau? Wo alle frohlocken, die des Gottes Wohnung schauen, wird dein Auge von Tränen feucht. Wer bist du? Woher kommst du?»

Die Königin, tief aufseufzend und sich ermannend, sprach: «Ach, wir armen Frauen! Wohin uns wenden um Gerechtigkeit, wenn uns das Unrecht der Mächtigen niederdrückt! – Doch nichts mehr davon. – Kreusa bin ich, die Gemahlin des Xuthos von Athen. Wir sind gekommen, um Apollon um den Segen eines Sohnes zu bitten.»

Und, den wahren Grund ihrer Tränen verbergend, erzählte sie ihm von einer Freundin, die einst von Apollo geliebt und treulos verlassen worden sei. Ihr Kind habe sie ausgesetzt, und es wäre wohl im Alter des Jünglings, wenn es nicht die wilden Tiere zerrissen. Auch für diese Freundin suche sie Rat und Trost im Tempel. Und zum Jüngling gewandt, sprach sie wehmutsvoll: «O glücklich deine Mutter, die sich eines solchen Sohnes erfreuen kann.» – «Ich habe keine Mutter», antwortete der Jüngling, «auch kenne ich meinen Vater nicht. Wie ich hierhergekommen bin, ist mir dunkel. Die Priesterin dieses Tempels erbarmte sich meiner und zog mich Elternlosen mütterlich auf.» – «Ach, wie bitter ist das menschliche Los!» sprach die Königin schluchzend, «du suchst deine Mutter, und meine Freundin sucht ihren Sohn.»

Da eilte freudigen Schrittes Xuthos heran. Kreusa brach das Gespräch ab und wandte sich ihrem Gatten zu, ihn geziemend zu begrüßen. «Freue dich, meine Geliebte», rief er von weitem, «ich bringe gute Nachricht. Nicht kinderlos sollen wir vom Göttersitze wegziehen. Gehe nun, und bete zu Apollon am Altar, während ich im Tempel vor die Pythia fragend trete.»

Kreusa tat wie ihr geheißen, ergriff einen heiligen Lorbeerzweig und suchte in Begleitung ihres alten Dieners einen entfernten Altar auf.

Erwartungsvoll erstieg Xuthos die Stufen des Tempels und trat ins Innere. Der Jüngling hatte sich indessen sinnend seiner Arbeit wieder zugewandt.

Nach kurzer Zeit öffnete sich knarrend das Tor und heraus schritt Xuthos, blickte sich um, eilte mit ausgebreiteten Armen auf den Jüngling zu und rief: «Glück dir und mir, mein Sohn.» Der Angesprochene erwiderte: «Glücklich bin ich – sei du maßvoll, dann fahren wir beide wohl.» – «Wie soll ich nicht jubeln, da ich dich fand, meinen Sohn», sprach der König und umarmte den Jüngling. Der junge Priester glaubte, der Alte sei wahnsinnig geworden und stieß ihn heftig zurück. Aber Xuthos rief: «Entfliehe mir nicht! Der Gott hat dich mir zum Sohne geschenkt; denn also sprach die Priesterin: ‹Wer dem Vater, der aus dem Tempel tritt, als erster begegnet, ist sein Sohn!› Gehorsame drum dem Gott, Jüngling, und nimm mich als Vater an.»

Erstaunend sprach der Priester: «Dem weissagenden Gott zu mißtrauen ist Frevel. So begrüße ich dich als meinen Vater.» Bewegt durch das Eingreifen des Gottes schlossen sich die beiden in die Arme und die gegenseitige Liebe keimte in ihren Herzen.

Dann aber überschattete Trauer den Jüngling und er sprach: «Ach, teure Mutter, werde ich auch dich einst sehen? Mehr als je begehre ich zu wissen, wer du seist. Doch du starbest wohl, und vergebens sehne ich mich nach deinem Anblick.» Xuthos antwortete ihm: «Daß ich dich gefunden, hat ein guter Gott zu unserem Heil vollendet. Und so wird es sich auch ergeben, daß du deine Mutter wiederfindest. Stellen wir's der Zeit anheim.»

Xuthos gab dem Jüngling den Namen Ion, der Gänger, weil er auf ihn zuging, als er den Tempel verließ.

Um aber Kreusa, die sich auf die Geburt eines Sohnes freute, nicht bitter zu enttäuschen und ihr Schmerz und entehrende Zurücksetzung zu ersparen, wollte Xuthos den Jüngling erst als Gastfreund in sein Haus einführen, bis Kreusa eine Neigung zu ihm gefaßt; dann erst wollte er ihr den Spruch des Gottes verkünden und mit ihrem Willen den Jüngling vor allem Volk als Sohn anerkennen und zum Erben der Herrschaft erklären.

In seiner Freude ließ er alsogleich die Delphier zu einem Gastmahle laden, zu Ehren seines Gastfreundes, das er mit Ion in aller Heimlichkeit als Geburtsfest feiern wollte und als Opfermahl des Abschieds zugleich.

Während Ion das Fest vorbereitete, stieg Xuthos auf den Parnassos, wo Apollon unter freiem Himmel ein Altar errichtet war, um dem Gotte zu opfern und zu danken.

Als Kreusa mit dem alten Diener zum Tempel zurückkehrte, erzählten ihr die Dienerinnen, was sich zugetragen hatte und was sie gehört, obwohl der König es ihnen unter Androhung des Todes verboten: wie der König, auf Weisung des Gottes, den Tempeldiener als Sohn angenommen habe, was aber der Herrin noch verheimlicht werden solle. «Ach, nimmer, o Herrin, wird dir vergönnt sein, ein Kind im Arme zu wiegen», klagten sie. «Ich Unselige», rief Kreusa, «Leid lastet auf mir. Tief ins Innere des Herzens hinein trifft mich dieser Schmerz.» – «Wir sind verraten», argwöhnte der Diener, «dieser Jüngling ist wohl das Kind einer Sklavin oder eines Tempelmädchens von Delphi, das dein Herr dir verheimlicht, und den er als Sohn nun aufnahm, vorgebend die Weissagung des Gottes.» – «Ach, unsere geliebte Herrin, die Tochter aus altem königlichem Stamm wird kinderlos und entehrt im Hause nun leben, und der heimatlose Fremdling wird einst den ruhmreichen Thron der Erechthiden einnehmen!», so klagten Diener und Mägde, Argwohn und Mißtrauen in das enttäuschte Herz der Königin säend. Unerträglich schien allen diese Zurücksetzung ihrer Herrin. Der alte Diener, dem Königshaus seit Kreusas Kindertagen in blinder Liebe ergeben, anerbot sich, den fremden Eindringling aus dem Wege zu schaffen. Und die Königin, enttäuscht, von Zweifel und Mißtrauen, Scham und beleidigtem Stolz und bitterem Zorn über die Entehrung hin und her gerissen, wehrte ihm nicht. Schwankenden Fußes schritt sie von ihren Mägden gestützt ins Haus der Gastfreunde.

Der Diener aber eilte dorthin, wo Xuthos mit Ion und den geladenen Gästen unter luftigem Zelt beim Mahle saß. Als die Speisen abgetragen wurden und man sich zum Trinkgelage zu rüsten begann, trat der Alte ein und übernahm das Amt des Mundschenks. Unter den ausgelassensten Possen lief er zur Erheiterung der Gäste umher und reichte ihnen die Kränze. Alle schmückten sich, das duftende Räucherwerk ward entzündet und die Flöten ertönten. Nun schüttete er den funkelnden Wein in die Mischkrüge, goß Wasser dazu und füllte die goldenen Becher. Die Sklaven kredenzten sie den Gästen. Der Alte ergriff selber den schönsten Becher, goß unbemerkt ein rasch wirkendes Gift hinein und schritt zum Ehrenplatz hin und reichte ihn dem Jüngling dar. Als der Jüngling als Ehrengast im Begriffe war, den Göttern das Trankopfer zu spenden, entfuhr einem Sklaven ein gotteslästerlicher Fluch. Ion, mit den heiligen Gebräuchen wohl vertraut, erkannte dies als Unglückszeichen und bat die Gäste, das Trankopfer auf die Erde auszugießen, damit die Becher neu gefüllt werden konnten.

Während dies geschah, flog ein Schwarm Tauben ins Zelt. Von niemandem verscheucht, setzten sich die heiligen Vögel zur Erde und nippten von dem Wein. Doch siehe – die Taube, welche vom Trankopfer des Jünglings genippt, begann zu zittern und zu beben; sie sperrte den Schnabel auf und stieß seltsame Töne aus, flatterte wild flügelschlagend umher und fiel nach kurzer Qual zu Boden, senkte die Purpurfüße und war tot. Aufruhr und Entsetzen unter den Gästen. Aufsprang Ion und rief: «Wo ist der, der mich umbringen wollte? Sprich, Alter, du hast deine Hand dazu geliehen, denn von dir bekam ich den Becher gereicht!» Der Alte wurde ergriffen und vor den Richter geschleppt. Dort bekannte er seine Freveltat, daß er Gift in den Wein gemischt, und daß Kreusa die Schuld mit ihm teile. Beide wurden zum Tode verurteilt durch Steinigung, weil sie einem heiligen Manne nach dem Leben getrachtet und im heiligen Bezirk des Apoll einen Mord gewagt.

Als man auszog, um Kreusa zu suchen, fand man sie kniend am Altar des Apoll. Dorthin war sie in ihrer Angst und Not als Schutzflehende geflohen, als sie das Schreckliche vernommen, das geschehen war.

Aber Ion versuchte in seinem Zorn, sich und die heiligen Gesetze vergessend, die Schuldige mit Gewalt vom Altar wegzuzerren und vor den Richter zu schleppen.

Ahnungslos, doch vom Gotte zur rechten Stunde hergeführt, trat die hohe Priesterin aus dem Tempel. Ein Körbchen trug sie in der Hand. Schnell schritt sie unter die aufgebrachte Menge, die ihr ehrfürchtig auswich. Dann erblickte sie Ion, der an dem fremden Weibe zerrte. Als er die Priesterin sah, erhob er laute Klage wider seine Mörderin. Aber streng wehrte ihm die Pythia sein frevelhaftes Tun: «Halt ein, o Sohn! Meinen Sehersitz verlassend, überschritt ich diese Schranken hier, Apolls Prophetin, die aus Delphis Frauen auserkoren ward, zu wahren alten Brauch. Laß ab von diesem Weib, das als Schutzflehende am Altar deines Herrn kniet, und vergehe dich nicht in deinem Zorn an uralt-heiligen Gebräuchen. Ist das Weib schuldig, wird Apollo selbst sie strafen.» Die Worte der Priesterin, die ihn aufgezogen, und die er wie eine Mutter ehrte, brachten ihn zur Besinnung. Be-schämt, daß er in maßlosem Zorn sich hatte hinreißen lassen und die heilige Pflicht vergessen, trat er von den Stufen zurück. Milde sprach die Priesterin nun: «Ich erzog dich, liebes Kind, dem Gott zuliebe. Vernimm jetzt, warum ich gekommen bin: Da du nun mit Willen des Gottes aus dem heiligen Dienst des Tempels trittst und deinem Vater nach Athen folgst, übergebe ich dir dies Körb-chen, in dem du einst ausgesetzt worden warst und das ich auf-bewahrte. Möge es dich zu deiner Mutter weisen! So hat Apoll mich in meinem Herzen zu tun und zu sagen geheißen. Alles weißt du nun von mir und Phoibos, der das Schicksal so gelenkt.»

Der Jüngling ergriff freudig das Körbchen, doch bald erfaßten ihn trübe Gedanken: «Lieber möchte ich das Körbchen Apollo weihen und die Mutter vergessen, die, statt die Brust mir zu rei-chen, mich lieblos verstieß.»

Aber seinem Los, sei es gut oder schlecht, vermag kein Sterb-licher zu entfliehen.

Der Jüngling bedachte in seinem Herzen, was alles er Apollo zu verdanken hatte, und ward inne, der Führung des Gottes nicht zu widerstreben. Und er nahm das Körbchen an.

Kreusa, die am Altar kniete, war kein Wort entgangen. Sie erkennt das Körbchen, indem sie einst das Kindlein ausgesetzt. Aufspringt sie vor Freude und Erregung, fliegt mit pochendem Herzen die Stufen des Altars herab dem wiedergefundenen Sohn entgegen. «Ergreift sie, ergreift sie, sie will entfliehen», rief Ion. Die Menge drängte sich heran. Doch schon hat die Mutter ihn in die Arme geschlossen. «Was fällt dir ein, Weib», schrie er voller

Zorn und versuchte sich aus der Umarmung zu befreien. «Du bist mein Sohn, dich habe ich wiedergefunden», ruft Kreusa vor Freude schluchzend und zittert am ganzen Leib. «Schlange, du versuchst mich zu betören, um deiner Strafe zu entfliehen!» entgegnete der Jüngling barsch. «Das Körbchen, das du in Händen hältst, wird für mich zeugen», sagte Kreusa sich fassend. «Öffne es und ich will dir sagen, was es enthält: ein feines Gewebe findest du darin, das ich selber mit ungeschickten Händen mit dem Bild der Medusa bestickt habe. Noch ist es nicht fertig.» Der Jüngling zögerte zweifelnd, öffnete das Körbchen, entfaltete das Tuch und fand, was Kreusa beschrieben hatte. Alles staunte. «Was liegt noch darin?» fragte er betroffen. «Zwei kleine goldene Drachen. Es ist ein Halsschmuck, den ich dir angehängt, ein altes Geschenk der Pallas Athene.» – «Er liegt im Körbchen», rief Ion erregt. «Nun bezeichne mir noch das dritte.» – «Als ich dich aussetzte, schmückte ich dich mit einem Kranz vom heiligen Ölbaum der Athene. Die Zweige brach ich weinend auf der Burg.» Und wie sie beschrieben, so war es; im Körbchen lagen Ölzweige, frisch und duftend, denn die Zweige vom heiligen Ölbaum auf der Burg welken nie.

Längst schon war dem Jüngling aller Zweifel aus dem Herzen gewichen. Er erschauerte vor der wunderbaren Führung des Gottes, die hier offenbar ward. Ergriffen wandte er sich zu Kreusa, und Mutter und Sohn, die sich wiedergefunden hatten, fielen einander in die Arme und weinten vor Freude.

Alles Volk wunderte sich und betrachtete die beiden gerührt. Als sie sich gefaßt, erzählte ihm Kreusa, wie sich alles zugetragen hatte und offenbarte ihm, daß niemand anderes als Apoll, sein Retter, sein Vater sei. Frommer Schauer ergriff den Jüngling und laut pries er Apollon und seine weise Lenkung des Schicksals. Alsogleich ließ er nach Xuthos rufen, damit er die glückliche Wendung erfahre und ihre Freude teile. Und der König eilte herbei und wunderte sich und erzählte vor allem Volk, was der Gott ihm im Tempel gesagt, und wie er Kreusa hatte schonen wollen.

Und da in allem das wunderbare Walten und Fügen des Gottes offenbar ward, sprach niemand mehr von der Rache des geplanten Frevels. Ion brachte Apollon ein fettes Dankopfer dar. Glücklich und von allem Volk gepriesen, nahm er Abschied von der Priesterin, die ihm zur zweiten Mutter geworden war, und versöhnt zogen Mutter und Sohn und Xuthos, der dem Jüngling ein liebender Vater ward, nach Athen.

Der herrliche Sohn des Apollo erneuerte den Glanz des alten Königsgeschlechts der Erechthiden, das schon am Erlöschen gewesen war. Unter seiner Herrschaft stieg nun Athen zur Land und Meer beherrschenden Stadt empor und nach Ion wurde der volkreiche Stamm, der sich bis weit auf die Inseln und an die Küste Asiens verbreitete, die Ionier genannt.

LITERATURNACHWEIS

Als Quellen wurden benützt:

die antiken Dramatiker und Dichter, insbesondere in der Übertragung von Thassilo von Scheffer: Hesiod «Theogonie», Leipzig 1938; die »Homerischen Götterhymnen«, Jena 1927. »Orpheus. Altgriechische Mysteriengesänge», übertragen von I. O. Plassmann. Jena 1928.

Nacherzählungen: H. W. Stoll: «Die Sagen des classischen Altertums». Leipzig 1878. Erich Wolff: «Die Heldensagen der Griechen». Berlin 1936.

Mythologien: L. Preller: «Griechische Mythologie». Berlin 1872. Eckart Peterich: «Kleine Mythologie». Olten, o. J. Karl Kérenyi: «Die Mythologie der Griechen». Zürich 1951.

Der Cid

Das Leben und die Heldentaten des berühmten spanischen Ritters Rodrigo Diaz von Vivar. Erzählt von INGE OTT.

2. Auflage, 240 Seiten, gebunden (ab 13 Jahren).

«El Cid» – das ist der sagenumwobene Nationalheld des erwachenden Spaniens, ein Ritter und Heerführer aus dem farbenprächtigen Bilderbuch des Mittelalters, leidenschaftlich verwickelt in die Kämpfe des sich bildenden spanischen Königreiches. Denn noch um die Jahrhundertwende, unter dem berühmten Almansor, war die Macht der islamischen Kalifen auf dem Höhepunkt, und das wird die Lebensaufgabe des Cid: das arabische Denken an das christliche Bewußtsein zu binden. Nicht nur als Ritter in der Feldschlacht bewährt er sich, sondern auch als kluger Politiker in den glanzvollen Hochburgen der islamischen Fürsten, ja zeitweise als ihr Verbündeter.

Das Hexenkind

Von ROSEMARY SUTCLIFF

Mit 15 Zeichnungen von Robert Micklewright. 159 Seiten, gebunden.

«Mit diesem Lovel, der aus Verachtung und Menschenscheu mit Hilfe Einsichtiger herausfindet, hat die Autorin ein Stück Kulturgeschichte vermittelt und gleichzeitig auf die Quellen der Heilkunst hingewiesen, die in der Natur und der Einsicht in Leib-Seelisches liegen.» *Landesjugendamt Rheinland-Pfalz*

Flucht nach Delphi

Von MARY RAY. 204 Seiten, gebunden.

Einem Waisenjungen, der mißgünstigen Verwandten entflieht, gelingt es, in die Sängerschule am Tempel von Delphi aufgenommen zu werden. Er bildet sich zum Sänger und Dichter heran, und seine größte Sehnsucht erfüllt sich, als er bei den delphischen Spielen den Dichterlorbeer erringt, während sein Jugendfreund, den er dort wiedertrifft, sportlichen Ruhm erringt.

VERLAG FREIES GEISTESLEBEN STUTTGART

Jugendbücher von Dan Lindholm

Quell der Ganga

Altindische Sagen. Mit Illustrationen von Walther Roggenkamp.
120 Seiten, Pappband

«Diese Sagen erzählen in lebhaft-besinnlicher Sprache und Bildlichkeit von
den Schicksalen und Taten jener Menschen, die aus direkten Begegnungen
und Erlebnissen mit den geistigen Mächten ihr Leben schöpften. Das Nach-
wort des Verfassers, das uns in die indische Mythologie führt, ist sehr auf-
schlußreich und ergänzend, und es hilft uns zu noch besserem Verstehen der
altindischen Atmosphäre. Sehr empfehlenswert.»   *Gute Jugendbücher*

Götterschicksal - Menschenwerden

Aus der Edda nacherzählt. Mit Illustrationen nach Steinschnitten von Walther Roggenkamp. 124 Seiten, Pappband

«... eignet sich für junge Sagenleser wie für Erwachsene, räumt behutsam
den Menschen des 20. Jahrhunderts die Steine beiseite, ohne dabei zu ver-
einfachen, und erhält vor allem den poetischen und mythischen Glanz der
ursprünglichen Dichtungen. Eine Herrlichkeit für sich sind die Illustrationen
nach Steinschnitten von Walther Roggenkamp.»   *Bücherschiff*

Wie die Sterne entstanden

Norwegische Natursagen, Fabeln und Legenden. Mit Holzschnitten von Gösta
Munsterhjelm, 56 Seiten, Pappband

«Das Buch wendet sich an einen Leserkreis, der Neigung und Verständnis
für zart empfundene, feinsinnige Geschichten hat. Lindholm erzählt, wie
der Schnee seine Farbe bekam, warum der Wolf schlecht und der Bär gut
überwintert; warum die Flunder ein schiefes Maul hat; er erzählt vom Jesu-
kind und der Jungfrau Maria, von Heiligen, Tieren, Pflanzen und auch vom
Menschen. Der ganz schlicht erzählte Band kann Kindern bedenkenlos in
die Hand gegeben werden.»   *Buchanzeiger für öffentl. Büchereien*

Die Stimme der Felswand

Natursagen, Märchen und Schwänke aus Norwegen. Mit Illustrationen von
H. G. Sörensen, 72 Seiten, Pappband

«Diese Sammlung kann sich sehen lassen. Besondere Perlen sind die Tier-
märchen, aber auch die Schwänke sind köstlich, und das Besinnliche fehlt
nicht.»   *Bücherschiff*

VERLAG FREIES GEISTESLEBEN STUTTGART